KB176990

탈합치

탈합치

Dé-coïncidence
D'où viennent l'art et l'existence

예술과 실존의 근원

프랑수아 줄리앙
François Jullien

이근세 옮김

교유서가

로르 줄리앙(Laure Jullien)에게,

그녀의 작업과 대화하기 위하여

이 책의 일부는 제1회 〈대(大) 타이페이 국제 현대예술 비엔날레〉(2016년 11월~2017년 1월)에서 중문 및 영문으로 발표되었다. 나는 진사성(陳志成) 교수의 초청으로 비엔날레 운영위원을 맡았고, 나도 인정하지만 다소 의아하게 들릴 '거상합(Dé-coïncidence, 去相合)'[1]이라는 이름을 이 대회에 붙였다.

그러나 개념이 하지 못할 것은 무엇인가?

---

1 Dé-coïncidence라는 프랑스어 단어는 프랑수아 줄리앙의 신조어로서, 여러 용어로 번역될 수 있다. 우선 중국어에 능통한 저자가 제안한 '거상합'(去相合)은 말 그대로 '서로 합쳐진 상태를 떠난다/벗어난다' 정도의 의미다. 역자는 이 용어가 의미 차원에서 본문 내용과 일치하지만 우리말 용법에서는 너무 벗어난다고 판단했다. 이 책의 1장과 2장에서 줄리앙은 Dé-coïncidence의 의미를 상세히 설명한다. coïncidence의 본래 의미는 기하학에서 두 도형의 합동, 그리고 라틴어 어원에 따르면 "사건이 동시에 발생한다(cum-incidere)"는 것이다. 부정을 나타내는 'dé'는 이 두 의미가 지시하는 사태를 문제삼고 거기서 벗어남을 뜻하는 접두어다. 깊은 고민 끝에 '서로 합치하는 것에서 벗어난다'는 의미의 '탈합치(脫合致)'를 번역어로 택했다.

탈-합치의 개념은 안착된 합치를 해체할 때 새로운 가능성
들이 출현할 수 있는 방식을 사유하는 사명을 지닙니다. 이는
단절, 창조, 나아가 혁명의 거대한 신화에 대립되는 개념입니
다. 한 예술가는 예술로 인정된 예술로부터, 더욱이 자기 스스
로 이미 작품으로서 창출한 것으로부터 탈-합치할 때 비로소
예술가일 수 있습니다. 마찬가지로 한 사상가는 이미 사유된
것으로부터, 그리고 자기 스스로 이미 사유한 것으로부터 탈-
합치할 때 비로소 사상가일 수 있습니다. 이런 점은 매우 많은
실천 영역에 적용됩니다. 역사와 관련해서도 마찬가지입니다.
미래를 다시 여는 것은 사회에 부과되었다는 사실로 인해 그
확정성에 매몰되는 적합성과 조정의 형태를 해체할 때 가능합
니다.

탈-합치 개념은 철학의 중대한 편견들을 뒤흔들어놓습니

다. 우선 그리스인들이 '아르케(arché)'라고 말했던 제일 시초, 즉 후속 결과를 지배하는 시초라는 시초-지배의 편견을 뒤흔들어놓습니다. 왜냐하면 시초라는 것이 열리려면 이미 탈-합치가 있어야 하고 일치성이 해체되어야 하기 때문입니다. 이어서 탈-합치 개념은 시초에 조응하는 '목적'이나 '끝(telos)'이라는 개념을 어긋나게 합니다. 한 작품이 실효적으로 구현되거나 역사가 변형되는 것이 겨냥된 목표, 기대된 목적에 따라 이루어진다고 생각할 수 있겠습니까? 이로부터 또한 유럽 철학을 지배해온 이론과 실천, 모델화와 적용의 관계가 전복됩니다. 왜냐하면 이미 플라톤의 이상국가가 그랬듯이 목적으로 설정하고 곧이어 사회에 부과하고자 하는 이상적 형상을 구상함으로써 역사가 펼쳐질 수는 없기 때문입니다. 이런 점은 오늘날 더더욱 맞는 말이 아니겠습니까?

어떤 관념이 합치될 경우 그것은 이데올로기가 됩니다. 그런데 이데올로기적 합치는 세계화, 전 지구적 시장, 미디어의 지배, 일반화된 연결망의 가동 등으로 인해 세계의 법칙이 되었습니다. 그러나 이를 규탄하는 데 머무는 것은 헛된 일입니다. 규탄은 힘도 없고 의거할 토대도 없으며 사람들이 듣지도 않기 때문입니다. 오히려 다수의 지엽적인 '현장에서의' 탈-합치들이 서로 마주치며 퍼져나갈 때, 따라서 안착된 합치들에 은미한 균열을 일으킬 때 합치의 은신처를 무너뜨릴 수 있습니다.

이데올로기적 합치의 논리와 개념은 단일하지만, 그것이 발현될 때는 다수적이고 끊임없이 변화합니다. 그렇기 때문에 합치에 맞서는 탈-합치의 형태 또한 다양해야 하고 서로 조응해야 합니다. 출판사는 시장 논리 및 단기적 시장 이윤과 합치하는 대신 더 어렵게 여겨지고 판매도 적은 사상서들을 대범하게 출간하고자 할 때 전형적인 탈-합치자입니다. 철학자도 당대의 주제를 따라감으로써 성급히 인정받으려는 대신 해외 사상가의 명성에 편승하지 않고서 그의 사유를 번역하는 극히 어려운 작업을 떠맡을 때 역시 탈-합치를 실행하는 사람이 됩니다. 작가 또한 이미 논의되고 재론되어 분류된 주제들에 관해 여론 시장과 그 기대에 걸맞게 글을 쓰는 대신 당대에 의문시되지 않은 점에 의문을 던지고 그 시대가 사유하지 않은 점을 사유할 때 역시 탈-합치의 요청을 받아들이는 사람인 것입니다. 즉 그는 서로 연결되고 집결되며 서로 버팀목이 되는 탈-합치들의 요청을 받아들이는 작가입니다. 이와 같은 탈-합치들은 전반적인 분위기가 되어버린 이데올로기적 합치에 균열을 내고 그 순응주의를 깨뜨리기 위해 서로 만나 연합합니다. 바로 이것이 철학의 기능입니다.

2020년 11월 10일
프랑수아 줄리앙

차
례

서문

인간이 무엇인지 알기 위해, 우리는 '인간'이 어디서 비롯하며 예술과 실존은 어디서 비롯하는지 파악할 수 있기를 원할 것이다.

항상 그 원리가 포착되지 않는 인과성을 내세움으로써, 대사건의 신화적 모습 아래에서 (혹은 단절과 위대한 태초라는 편리성에 의거하여) '인간'이 어디서 비롯하며 예술과 실존은 어디서 비롯하는지 파악하자는 것이 아니다. 이는 최초의 시작에 대한 허구이자 '창조'의 취약함이다. 오히려 철저하게 내재적인 방식으로 경험의 과정적 특성을 저버리지 않으면서 동시에 경험의 가능한 새로움을 인정하여 인간, 예술, 실존이 어디서 비롯하는지 파악하려는 것이다.

인류 삶의 진화 자체에서 이탈을 통해 **인간이 된 존재**가 출현할 수 있었고 대자연과 간극을 벌리게 된 것은 무엇에 기인했는가? 또한 의식으로 불리는 것이 세계에 대한 탈착(脫着)을 통해 인정될 수 있고, 세계 안에서 자유로서 전개될 것을 세계의 응집에 균열을 냄으로써 받아들이게 된 것은 어디서 유래했는가?

삶의 외부에서 부과된 명령, 다른 질서에 의거하지 않는 윤리가 이로부터 도출될 것이다. 이는 자기 자신과 합치함으로써 안정화된 모든 적합성이 합치에서 생산력을 잃는다는 사실에서 비롯하므로 동시에 합치로부터 탈결속하는 윤리다. 특정 자아에 매몰시키는 일치의 바깥, 특정 세계 안에 가둬버리는 적합성의 바깥에 서게 해주는 돌파나 탈주야말로 '실존'의 능력 그 자체가 아닌가?

확립과 동시에 고정되는 모든 질서를 내부에서 해체하며 우리가 상상하지 못했던 자원을 나타나게 하는 탈-봉인(封印)을 나는 **탈-합치**로 명명할 것이다.

어긋남(out of joint): 햄릿이 유령과 헤어지면서 불평했듯이 '탈-접합', 사물들의 정합적인 '결합', 요컨대 '경첩'으로부터 빠져나옴이 있다.

그런데 이런 문구가 말한 것이 바로잡아야 할 시간의 퇴화가 아니라 미래의 생산력이라면 어떻게 되는가? 사물의 계속된 흐름 자체에서 간극과 분란을 통해 넌지시 직조되는 것이 그 흐름 내에서 어떤 미증유의 것을 향해 열릴 수 있는가? 이런 의미에서 이제 **예술**과 **실존**은 공동전선을 이룬다.

1. 탈-봉인(封印)

모든 사람들이 필시 그랬겠지만, 나는 바르셀로나 피카소 미술관의 초반 전시실들에서 계속 이어지는 진부함에 실망했다. 그토록 위대한 이름에 걸맞지 않은 그림들이 놀라웠다. 그 그림들은 사실주의적이고 애수에 찬 구도로, 카탈루냐의 꽤 고급스러운 레스토랑 식탁 위에 걸어두기 딱 좋은 것들이었으니 말이다. 그러다 한 그림이 나를 멈춰 세웠다.

작은 마을과 면한 해안, 후경의 산계(山系), 전경의 나귀 등 역시나 기존 양식의 구도이긴 하지만, 두 가장자리의 비스듬한 선을 따라 그림이 그려져 있지 않았다.[2] 화가가 그리지 않은 부분을 그림이 움푹 들어간 공백처럼 그대로 두는 일은 고전 회화에서도 이미 있었다. 그러나 이 경우에는 그림 전체가 화폭

---

2 언뜻 보면 분간이 안 가지만, 황색 캔버스의 왼쪽과 상단 가장자리에는 그림이 그려져 있지 않다.

피카소, 〈바르셀로네타 해변〉(1896)

(畫幅)과 어긋나고 조금이나마 기울어져 있는 것처럼 보인다. 이 말의 본래 의미대로, 그림이 화폭과 **합치**하지 않는다. 즉 선이나 면이 포개졌을 때 정확히 겹치게 하는 애초의 기하학적 의미대로 합치하지 않는다.

지극히 맥빠지고 관학풍인 이 그림 전체의 한가운데서 갑자기 어떤 것이 넌지시 일탈했다. 그림이 화폭과 완전히 합치하지 않는다는 사실로부터 어떤 것이 예고 없이 드러났다. 눈에 띄지 않을 수도 있었지만 이미 틈을 벌려놓은 어떤 것이 어디를 향하는지 모르는 채 드러난 것이다. 회화에 속한 합치 및 그 결과로 인한 적합성의 기능이 필시 의도적이지 않거나 어쩌면 실험적인(또는 단지 우연에 기인한) 방식으로 이 그림에서 탈-봉인된 것이다. 마치 이 작은 그림이 넘침이 아닌 축소를 통해 그 여백에서 열개(裂開)의 예상치 못한 가능성을, 그로부터 뜻밖의 해방 형태를 찾은 것처럼 말이다. 미세하지만 예술 및 그 순응주의의 선행 체제 전체를 실질적으로 해체하기 시작한 길이 여기서 완곡하게나마 가까스로 드러난 것이다. 이는 사람들이 주목하지 않은 최초의 미미한 어긋남이지만 장차 지각변동으로 나타날 것에 길을 터준다. 더이상 완전히 겹치지 않고 '붙지' 않는 방식은 더 본질적인 탈착을 표현하지 않는가? 또는 선행하는 적합성에 균열을 내지 않는다면 어떻게 새로운 것이 시작될 수 있겠는가? 사물들의 연결에 어렴풋이 금이 가고, 더 정확히는 예상된 기능 본위의 이런 연결이 불시에 해체되며, 간극이 그어지고 그리하여 맞춤이 이루어지지 않아 적합성의 시효가 지나게 되면서, 공개되지 않은 미증유의 어떤 것이 슬그머니 출현한다. 아직 이름을 부여받지 못한 어떤 것이 떨어져나오고 가능성의 무한정에서 추출되어 실효적인 기반을 갖고 실존할 수 있게 된다.

　주지하다시피 20세기의 전환점에서 피카소 및 동시대 화가들은 총체적으로 **탈-합치**로 불리게 될 것에 방법론적으로 뒤따라 전념했다. 탈-합치 시도는 체계적인 것이 되었고 전방위적으로 전개되었다. 그들은 표상 및 그 조건인 유사성의 핵심에 있는 합치 능력을 해체하고자 노력했다. 즉 형태와 비율의 존중뿐 아니라 원근법, 관점의 단일성, 지각대상의 재현('진짜'의 '포착'이라는 것), 마찬가지로 주제와의 부합을 위한 필요조건을 고수하는 합치의 능력을 해체하려고 했던 것이다. 여기서 중요한 것은 단순히 단절을 공표하고 규범과 속박에서 해방되며 합의되거나 예상된 것을 전복하는 일이 관건은 아니라는 점이다. 창작력의 자유로운 흐름을 터주기 위해 일탈을 나타나게 하는 것만이 관건은 아니다. 단지 적합성이 기존의 질서에, 그리고 기존의 존재라는 점에서 유한한 질서에 속한다고 의심된다는 이유로 적합성을 해체하는 것이 관건은 아니라는 얘기다. 여기에는 오히려 더 엄정한 자각이 있다. 합치한다는 것, 적합성을 이루는 것은 물론 만족스럽겠지만, 이는 지속 가능한 것도 아니고 견뎌낼 수 있는 것도 아니며 여하튼 그리 미덥지 않다는 자각이 있는 것이다. 오직 우리가 여기서 보아야 할 것은 20세기로의 전환점에서 회화를 순응주의를 넘어 안락함에서 빠져나오게 하려는 화가들의 비딱함이다. 이를테면 회화를 타인의 관점에 맞추어 정당화하고 타인의 기획에 안주하게 하는 안이한 관념, '실재'와 합치할 수 있거나 진리란 적합성에 있다는 안이한 관념에서 벗어나려는 비딱함 말이다. 달리 말해 이는 반대되는 관념, 위험한 관념, 즉 모든 정해지고 즉자적인 것으로부터 탈-합치함으로써 또는 **간극을 통해** 실재적인 것이 '실재'로서 출현하며 눈에 띄기도 전에 활성화된다는 관념을 마주하는 것이다. 또한 적합성이 실현될 경우 그것은 자기의 한계에, 즉 막다른 길에 직면하고 생산력을 상실한다는 관념을 마주하는 것이다.

피카소, 〈시골 사람들〉(1906)

(〈아비뇽의 처녀들〉에 1년 앞선) 이 매우 당혹스러운 그림은 단절을 나타내거나 스캔들을 일으키려 한다기보다 일반화된 탈-합치를 시도하고, 나아가 지극히 과감하게도 그런 탈-합치를 '표상'하려 한다. 허공에 떠 있는 듯한 인물들, 서로 얽히게 하는 흔들림, 몇몇 부분들의 과도한 확대와 다른 부분들의 축소, 형태들이 단계적으로 포개지는 대신 와해되면서 전체의 부조화가 나타나는 장면들의 중첩을 통해 이 그림은 모든 면에서 **적합성을 불가능하게 하며** 더 정확히는 적합성의 무효화를 드러내려는 시도다. 그런데 이와 관련하여 자의성의 요구나 창작자의 저항 표현, 심지어 이른바 '지각된 것'에 대한 규탄을 확인하기보다는 다음과 같은 우려의 표현을 읽어야 하지 않겠는가? 균형, 형상, 비율 또는 구성의 의미에서 합치하려는 예술은 의심쩍은 규범화라고 하기보다도 (단지 예술에만 해당하는 것이 아니겠지만) 예술의 도약 및 그 가능성의 유

래에 대한 더 근원적인 차원의 배신이 아니겠는가? 왜냐하면 예술작품의 실행은 기능 본위가 되어가는 적합성을 해체하면서 이루어지기 때문이다. 이와 같은 자각에서 근대성의 특징이 드러남을 확인한다는 것은 일리가 있다. 그러나 오직 탈-합치만이 무언가를 새로운 가능성으로 해방시킴으로써 창조적일 수 있다는 사실의 예감은 이미 근대성에 선행하는 회화에서, 적어도 (원숙기의 티치아노[3]나 렘브란트 같은) 가장 위대한 거장들에게서 발견할 수 있지 않은가? 합치를 이루어야 한다는 (강요된) 강령의 이면에서, 아마도 그 자체로는 조정된 것에 불과할지 모를 적합성을 피해야 한다는 미묘히 유포된 전복적 강령을 그들에게서 이미 보아야 하지 않겠는가?

따라서 우리에게는 단절의 근저로(또는 단절보다 더) 나아가는, 즉 실제로 상류를 향해 나아가는 개념이 필요하다. 단절의 출발점을 추적하고 나아가 그 기원을 가리킬 수 있을 뿐 아니라 특히 단절의 가능성을 내부로부터 조명할 수 있는 개념이 필요한 것이다. 이는 단절에 선행하는 동시에 단절의 논리를 내부에서 전개하는 은미하고 심지어 은밀한 운동을 나타나게 하는 개념이다. 왜냐하면 (혁명과 같은) 단절은 그 극적이고 사실 차원의 측면에서 볼 때 눈부신 표출이자 결과일 뿐이다. 또

---

3 티치아노 베첼리오(Tiziano Vecellio, 1485~1576)는 이탈리아 르네상스의 전성기를 이끈 화가다. 라파엘로, 미켈란젤로와 동시대 화가로 수많은 걸작을 남겼고, 여러 군주들의 초상화를 그려 '군주의 화가'로도 불린다.

는 내가 제시했듯이 간극을 통해 실재적인 것이 펼쳐진다면(또는 사유가 전개된다면), 우리는 **간극이 어디서부터 유래하는지** 말해야 한다. 즉 분리를 생겨나게 하고 새로운 가능성이 출현할 수 있게 하며 삶이 비롯되는 긴장관계의 설정이 가동될 수 있게 하는 거리두기의 가능성이 어디로부터 유래하는지 말해야 하는 것이다. 그런데 **탈-합치**는 이와 같은 전개 과정의 정합성을 밝혀주는 용어다. 적합한 것은 그것이 충족되었다는 사실 자체에서부터 해체되며 이는 진행 과정의 방식으로 이루어진다. 모종의 외부 요인을 내세우는 (설명적인) 인과성의 양상이 아니라 내재적인 도래를 통해 이루어지는 것이다. 왜냐하면 탈-합치는 질서의(적합성의) 어떤 단절이 작동중이되 그것이 자기 전개의 양상에서 작동하는지를 알려주는 발생학적이면서 논리적인 개념이기 때문이다. 또는 분리의 발단으로 거슬러 오르게 해주는 동시에 새로운 가능한 '자아'를 활성화하는 자아와의 이탈에 대한 내적 근거를 이해하게 해주는 개념이기 때문이다. 즉 안정화되면서 생산력을 잃고 조정과 동시에 가동이 멈추는 적합성의 한가운데 적합성에 대한 탈-결속이 도입된다. 적합성의 규범성을 해체함으로써 생성의 가능성을 다시 열어주는 탈-결속이 도입되는 것이다.

이 점에서 탈-합치는 예술뿐만 아니라 무엇보다도 실존의 사명을 말해주는 개념이다. 만일 탈-합치가 '자아'의 적합성, 한 세계에 대한 자기 적응으로부터 벗어나는 것이고 이것이 자신에 의한 것이라면 그 의미는 바로 **실존한다**(exister)는 것이다. 또한 '실존한다(ex-ister)'는 것이 문자 그대로(신학적 라틴어 ex-sistere로서) '바깥에 서다'라면, 이 말이 우선 의미하는 바는 충족됨으로 인해 폐색되는 적합성과 적응의 바깥이다. 즉 포화됨으로 인해 더이상 어떤 일이 생기고 창작되도록 두지 않는 적합성과 적응의 바깥인 것이다. 한편으로 존재의 사유는 본질과 자기 동일성의 안정 속에서 고정화를 겨냥하고, 다른 한편으로 삶의 사유는 오직 신진대사의 되풀이에 한정될 위험이 있다면, 탈-합치를 개척하는 것은 **실존**의 사유에 속하는 일이다. 탈-합치는 자아의 적합성, 자신과 자신의 일치, 자신에 대한 자기 적응에 균열을 냄으로써 이와 같은 '자아'의 마비에서 빠져나오게 한다. 탈합치는 분리를 재개한다기보다 내적인 탈-결속을 재개하여 다시 결정권을 갖도록 한다. 삶이 본질의 모든 가능성을 해체함으로써 인간에게서 실존으로 활성화되고 **생생해지며** 자격을 갖추는 것은 삶 자체와 탈-합치되면서, 삶의 안착된 규범성(확립된 기능성)에 틈을 내면서, 요컨대 '간극' 일으키기를 감행하면서다.

어느 날 여행(휴가)을 떠나는 것은 이미 자기 자신과 탈합치하고 자기 세계에 대한 적응에서 벗어나며 흔히 말하듯 자신을 '쇄신'하기 위해서가 아닌가? 오늘 저녁 집을 나서는 것은 본의 아니게 나 스스로 그 안에 갇혀버린 삶, 습관, 사유의 적합성에서 벗어나기 위해서다. **바깥에**, 곧 내가 더이상 보지도 못하는 삶과 관습과 사유의 한계 바깥에 설 수 있는 것, 그리고 **실존하기**(ex-ister) 시작하는 것을 가로막는 적합성에서 벗어나기 위해서인 것이다. 그게 아니라면 왜 떠나는가? 나아가 왜 자신을 분열하는가? (『꽃핀 소녀들의 그늘에서』[4]의) 화자가 말하듯이, "나는 이 오래된 중국 도자기를 포장해두었다." "습관 때문에 나는 이 도자기를 전혀 보지 않게 되었다. 나와 이 도자기를 떼어놓는 것은 적어도 나로 하여금 그것을 알아보게 하는 이점이 있었다." 그러나 프루스트처럼 습관을 내세우는 것은 결정적이지 않으며 여하튼 충분치 않다. 왜냐하면 이는 실질적으로 주체가 **지각**을 시작할 수 있기 위해 해체해야 하는 정착된 적합성 및 이에 따라 주체의 적응을 단지 심리적인 방식으로만 밝혀주기 때문이다. (삶, 관습, 사유에 대한) 탈합치를 실행하는 것(탈합치를 무릅쓰는 것)은 독립성을 드러내거나 더 공격적으로 충격을 주고자 한다기보다 **실존을 출현하게** 하는 유일한 방식이다. 우리가 '환경', 집단, 군집, 그리고 이들의 것인 (일요일의 식사와 같은) 연대성과 유쾌함에서 분리되어 거기에 퍼져 있는 암묵적 합의의 결속에서 풀려나지 않는다면, 즉 그런 '흡착'을 이루는 것에 저항하지 않거나 **떠날** 줄 모른다면, 우리는 이런 요청을 포기한 셈이 될 것이다.

---

4 『꽃핀 소녀들의 그늘에서』는 총 7권으로 구성된 프루스트의 소설 『잃어버린 시간을 찾아서』 중 제2권이다.

따라서 '탈-합치하다'는 탁월한 방식의 윤리적 동사가 아니겠는가? 왜냐하면 우리에게 필요한 윤리는 삶에 대한 금욕주의적 포기의 윤리가 아니라 **삶을 실존으로서 전개하는** 윤리이기 때문이다. 혹은 '실존한다'는 것이 윤리의 핵심이라고 말할 수도 있다. 가장 일반적인 방식으로 다시 말하자면, 특정 자아나 특정 세계 안으로의 갇힘에서 빠져나옴으로써 **실존하는** 주체가 **활성화**되는 것은 탈-합치를 통해서다. 그리고 우선 의식이 출현할 수 있는 것은 탈-합치를 통해서다. 의식은 자신의 흡착에서 풀려나옴으로써, 요컨대 자신의 암묵적인 종속에 대해 스스로 **간극**을 도입함으로써, 오직 자기 자신과 마찬가지로 자신의 환경에서도 탈구(脫臼)되면서, 그리고 그렇게 탈구되는 만큼만 발현된다. 이에 따라 탈-합치를 통해 자유가 전개된다. 자유가 형이상학적 조건에 따라 우리에게 즉각 주어진 것이라고 생각하기를 그만둔다면, 즉 (가정해야 할) 정신의 자유와 대립하는 (확인된) 자연적 필연성에 대한 매우 기만적인 고전시대의 모순에 갇혀 있고자 하지 않는다면, 실질적인 자유는 오직 특정 세계에 대한 우리의 적합성과 적응에서 빠져나오는 만큼 쟁취되고 드러날 뿐이라고 생각해야 할 것이다. 실질적인 자유는 오직 '내'가 세계의 규범성 및 기능성과 어긋남으로써 무작위(無作爲, jeu)와 선택의 여백을 나에게 열고 이에 따라 나(주체로 활성화된 **나**)에게 결정권을 부여하는 만큼 쟁취되고 드러난다는 것이다. 요컨대 관례적인 표현에 따라 인간만이 '실존한다는 것'은 오직 '인간'만이 자신의 세계와 마찬가지로 자기 자신으로부터 탈-합치할 수 있고, 오직 인간만이 **탈-적응할 수 있기에** 세계를 이루는 전체화 및 통합에 조금이나마 간격(조망)을 둘 수 있기 때문이다.

　지상낙원에서 아담과 이브는 '합치했다.' 그들은 '행복하게' 살았지만(이들이 행복하다는 것을 알았을까?) 실존하지는 않았다. 그들은 (창조의 질서와 일치하여) 적합하게 살았고 이에 관해 의심하지 않았으며, 나아가 그들 스스로에 관해서도 의문을 갖지 않았다. 분리도 없고 어렴풋이 계획된 분란도 없는 완벽한 적응의 세계에서 그들은 '바깥에 서서' 즉 실존하며 모험할 바깥을 조망할 수 없었다. 그럼에도 그들은 사과를 먹음으로써 기존 질서에 균열의 생산력을 들여놓았고 이 세계와 그 포화 상태 및 충족성에서 빠져나오게 하는 간극을 벌렸다. 적어도 이 최초의 서사는 이렇게 읽힐 수 있다. 그들은 합치하기를 멈추면서 의식의 길에 접어들었고 ('발가벗고 있다'는 것을 '서로 보았고') 역사에 이르렀으며(에덴의 세계에는 이야기들이 없었다) 주체들로서 활성화되었다. 그들이 낙원에서 **벗어나고** 추방된 자로서 규탄당한 것은 달리 말하면 그들이 실존에 **진입한** 것으로 고찰될 수 있다. 요컨대 의식과 마찬가지로 주체의 가능성은 합치하고 적응하는 세계의 능력, 즉 세계를 이루는 능력에 균열을 일으킴으로써 비롯되는 것이고 '인간'으로서 활성화되는 것은 거부에 이르는 불만족이 생길 때다. 이때 거부는(그 가족주의 때문에 지나치게 안정적 표상인) '복종'의 거부라기보다도 **적합성 안에서 지탱하는 합치**의 거부다. '인간'으로 명명되는 존재는 사물들의 조정 및 특정 세계에의 적응에 대한 분리에서 비롯된다. 따라서 사람들이 도덕적으로 악의라고 비난하는 것의 외형하에서 문제는 윤리의 동력인 이 해방적 불안이 어디서 유래하며 무엇에서 벗어나고자 하는지 밝히는 데 있다.

우리 모두 어릴 적에 다음과 같은 이야기를 이런저런 형태로 들은 바 있다. 누구나 '성자(聖者)'의 삶을 알고 있다. 무훈을 성공적으로 완성하고 약속된 대로 공주와 혼인하려던 순간에, 사자(使者)가 그를 찾아오고 그토록 바라던 바가 이루어져 잘 진행되려던 순간에, 결국 모든 것이 합치하고 그의 욕망이 세상에 완벽하게 안착하려던 순간에 그는 길을 나선다. 떠나는 것이다. 그는 사막으로 출발하거나 자기의 초라한 마을로 돌아가거나 수도승이 되어 사라진다. 그런데 사람들은 통상적으로 (신의 부름 같은) 교화의 목적으로 종교적인 관점에서 그의 태도를 찬양하거나, 반대로 (성공을 감당해야 하는 두려움 같은) 심리적인 방식으로 그의 태도를 폄훼한다. 그가 자기 행복을 회피했다면 이는 행복보다 천상을 선호했거나 (그를 **패배자**로 만드는 불안, 즉 앞으로 닥칠 불가피한 실망이나 그것을 떠맡을 수 있을지에 대한 불안 때문에) '현실'을 대면할 능력이 없기 때문이 아니다. 두 가지 모두 틀렸다. 엄밀히 말해 초월의 요구도 아니고 결함일지 모를 것 때문도 아니다. 오히려 지성의 효과가 관건이다. 그는 '행복'을 성취하는 이런 합치가 그 자체로 유지될 수 없음을 깨달은 것이다. 이는 행복을 유지할 수 없는 주체의 무능 때문도 아니고 그 안에 환상이 은폐되어 있기 때문도 아니다. 오히려 이런 적합성은 그 자체로 막다른 길이기 때문이다. 따라서 이 평화로운 순응 **바깥**에서 자신을 유지하려면 사실상 '탈-합치'를 감행하는 것, 자신의 세계와 마찬가지로 자신의 자아에 대한 결속에서 급격히 빠져나오는 것 외에는 다른 출구가 없기 때문이다. **실존한다**는 것은 이런 **저항**에서 표현되지 않겠는가?

2. 우발적인 것과 조정된 것

우리는 이와 같이 완강한 거부 정도로 그칠 수도 있을 것이다. 즉 실존과 예술은 합치를 거부하는 데서 서로 연합된 것으로 나타나는바, 양자 모두와 관련하여 합치를 거부하는 정도로 그칠 수도 있을 것이다. 그리고 이런 거부는 익히 알려진 '적합성'에 대한 필연적인 파열의 이름으로 이루어질 것이다. 우리가 적합성에 대해 더는 속지 않는다면 적합성은 그 자체로 죽음이기 때문이다. 논리학의 가르침과 반대로 사실 합치야말로 출구가 없는 것이거나 '아포리아'를 구성하는 것이다. 또는 오히려 이로부터 두 가지 논리가 대립할 수 있을 것이다. 한편으로 사변적이고 이론적인 논리가 있다. 이 논리에서 진리를 확립하는 것이 합치다. 주지하다시피 진리의 고전적 정의(定義)에 따른 '사물과 정신의 일치'다. 이 정의에서 사물과 정신은 서로 완전히 합치하며 서로를 정당화한다. 다른 한편으로 사변적이고 이론적인 논리의 반대로서 실질적인 삶 혹은 생동적인 삶의 논리가 있다(그렇기 때문에 이 논리는 예술에도 관련된다). 이 논리에서 합치는 더 펼쳐질 가능성이 없기 때문에 궁지에 몰리고 죽음을 면할 수 없다. 나아가 두 논리가 서로 경쟁하는 두 전통에 뿌리를 내리고 있다는 점도 확인된다. 첫번째는 존재와 사유의 합치가 원리로 정립된 데 근거한 인식의 **이성적**(그리스적인) 논리다. 두번째는 실존의 **역설적**(기독교적인) 논리다. 이는 그리스인들의 **지혜**(sophia)에 대립하는 '십자가의 광기'다. 왜냐하면 "자기 삶을 지키려는 자", 자기 삶과 합치하고자 하며 거기에 매여 있는 자는 바로 그 사실로 인해 "자기 삶을 잃는다"고 사도 요한이 말했기 때문이다. 존재에 정향(定向)된 첫번째 논리에 따르면, 실제로 적합성의 합치를 정초(定礎)하려는 야심은 플라톤이 말하듯이 "'존재'의 절대와 '접촉'(haptein tou ontos)"하는 데 있다. 그러나 타자에 정향된 두번째 논리에 따르면, 보존된 거리는 무한의 열림에서 포착되지 않고 유지되면서 적합성에 의한 자기화에서 벗어난다. 이런 자기화의 적합성은 한계인 동시에 생산력을 잃게 만드는 것이다. 참된 삶에 이른('부활한') 그리스도는 말한다. "나를 만지지 마라(mè mou haptou/noli me tangere)."

만일 합치한다는 것이 그 자체로 균열을 일으키지 않는다면, 우리는 여기서 멈추고 적합성에 의한 합치를 규탄하며 구원을 위해 합치의 균열을 바라는 데 그칠 수도 있을 것이다. 그러나 합치한다는 것은 그 안에 균열을 감추고 있지 않은가? 게다가 합치한다는 것이 그 자체와 합치하는가? 달리 말해 '합치하다'라는 동사가 합치하지 않는 것은 그것이 서로 일치하지 않는 두 의미로 빚어진 데서 확인된다. 왜냐하면 다른 한편으로 합치는 우발적인 마주침 즉 하나가 다른 것과 '동시에' 일어남(co-in-cidere)을 말하는데, 동시에 이 '일어남'은 정당화하기 불가능한 것을 말하기 때문이다. 이는 '순전한 우연의 일치'이며, 동시성에 불과한 그 관계 자체로는 이 우연성을 감출 수 없다. 이 우연성은 우발적으로 '일어나는' 것, '뜻밖의 일'에 속하기 때문이다. 그런데 바로 이런 합치를 통해 모든 일이 시작되는 듯하다. 어떤 일이 발생하려면 하나가 다른 것과 동시에 나타나야 하며 다른 것과 마주쳐야 한다. 각자가 자기 쪽에 가 있는 대신 꽃가루가 암술머리에 떨어져야 하고 정자가 난자와 마주쳐야 한다. 그러지 않으면 아무것도 발생하지 않을 것이다. 일어나지 않을 수도 있었던 이들의 합치가 산출되어야 하고, 특정 사건이 출현하려면 무한정 가능한 다수의 존재 사이에서 우발적인 만남이 이루어져야 한다. 우리는 다른 어떤 설명도 덧붙이지 못하고 '희한한 우연의 일치야'(또는 '뜻밖의 일치야')라고 말한다. 그래서 비록 그것은 결과이지만 그럼에도 불구하고 그것이 결과들의 연쇄에 포함되지 않으며 인과를 벗어나고 따라서 설명을 벗어나는 것에 우리는 놀라게 된다. 우리의 이성과 이성적 지식이 헛되이 은폐하고자 하는 구멍이 열리고 큰 벌어짐이 생긴다.

그런데 이는 합치의 역사상 첫번째 의미, 즉 제어를 보장하는 의미와 반대다. 그림이 통상적으로 화폭을 완전히 덮듯 선이나 면이 다른 선이나 면에 완벽하게 포개진다는 기하학적 의미 말이다. 즉 합치한다는 것은 하나가 다른 것과 완전히 일치하고 맞춰진 상태를 말한다. 어떤 이의 등장과 다른 이의 등장이 더이상 기이하게 합치한 것이 아닐 때(안나와 브론스키가 기차역에서 만난 어느 날 아침[5], 이 만남으로부터 모든 것이 전개된다), 그러나 사태들이나 현상들이 서로 완전히 맞춰질 때를 말한다. 과거에 친구들이 둘로 부러뜨려 나눠 가졌지만 (그리스인들의 상징sumbolon처럼) 오늘은 하나로 합치하면서 이전 관계의 진위성에 논박 불가능한 증거가 되는 막대 하나처럼 말이다. 합치한다는 것은 두 증언이 합치하면서 서로 확증되고 이에 따라 증거가 되거나 또는 사물과 정신의 합치가 진리의 정의 자체일 때를 말한다. 따라서 합치한다는 것은 둘의 예측 불가능한 마주침에 불과한 것이 아니라 하나와 다른 하나의 전적인 일치성을 의미한다. 아무것도 초과하지 않고 부족하지도 않으며 더이상 아무런 욕망할 것도 남겨두지 않는, 그러나 바로 그 때문에 아무런 일도 일어나지 않는 일치성이다.

한편 합치에 내재한 불일치에, 즉 그것의 두 의미를 연결하기보다도 서로 합치시키지 못하는 합치 고유의 무능력에 주의

---

5 톨스토이의 『안나 카레리나』에서 안나와 브론스키가 우연히 만나게 된 사건을 말한다.

할 필요가 있을 것이다. 사전에서 한 단어의 여러 의미가 목록화되어 차례대로 용이하게 병렬될 수 있다는 점이 내게는 항상 놀라웠다. 그리고 이 의미들은 지금의 경우처럼 어떻게 그것들을 정합해야 할지 더이상 생각할 수 없을 정도로 서로 일치 불가능한 것들이다. 따라서 합치에 고유한 우발적 마주침이나 보증된 적합성이라는 두 의미가 서로 합치하지 않는다면, 심지어 감춰지며 드러내놓고 인정되지 않은 만큼 더더욱 염려스러운 분리를 은폐하고 있다면, 여기에서 **태생적이고** 환원 불가능하며 따라서 사유를 통해 충족시킬 수 없는 **균열**을 보아야 하지 않겠는가? 그리고 이는 담론이 그것을 환원할 수도 없는 채 끊임없이 덮어버리는 균열, 이성이 쫓아버릴 수 없는 근원적인 모호함, 그러나 그 안에서 '실재'를 이루는 것이 무엇인지에 대한 우리의 질문을 헤매게 하는 모호함이 아닌가? 마주침의 우연과 적합성에 의한 정당화 사이에, **예측 불가능함**과 **조정됨** 사이에 어떤 연결이 투영되기를 바랄 수 있는가? 또한 만약 우발적 마주침이 일어날 경우 그것이 조정을 통해 미리 알려지고 준비된 것이라고, 우연으로 보이지만 적합성이 은밀히 작동한 것이라고 가정하는 데 만족할 수 있는가? 하지만 그렇다고 해서 마주침의 우발성, 즉 '순수한 합치'가 제거될 순 없다.

(순수한 우연의 일치로서의) 우발적 마주침과 (진리의 보증으로서의) 완전한 적합성 사이에서, 이 단어에 내재한 작동으로 나타나는 것 속에서 탐지되는 것은 오히려 그것이 '실재적인' 한

에서 실재에 내재한 **무작위 자체** 아니겠는가? 그렇다고 해서 그것에 더 근접할 수 있다는 것은 아니다. 심지어 그것은 접근 불가능한 채로 남을 것이다. 따라서 사유에 포착되지 않는 이 근원적 무작위는 그리스인들이 이미 표상했던바, 사람들이 삶에 내재한 모순으로 간주한 '우연(tuché)'과 '필연(ananké)' 사이의 무작위가 아닐 것이다. 왜냐하면 우연과 필연은 각자 완전히 노골적으로 대립함으로써 서로 화합하고 언제든 이들이 변증법적으로 발전될 날을 희망할 여지가 있기 때문이다. 달리 말해 사유에 저항하는 것은 모순으로 심화될지언정 대립이라고 할 수는 없다. 왜냐하면 부정은 대립의 구조화로서 계속 사용되고 나아가 하나가 다른 것으로 이동하게 할 수 있기 때문이다. 그러나 사유에 저항하는 것은 오히려 이 경우처럼, 동시에 하나의 의미와 다른 의미를 가질 수 있는 같은 단어에 있어 마치 두 의미의 비-연관 또는 비-관계를 통과하는 것처럼 배열된 두 의미 사이의 은미한 간격, 일치의 결여 또는 더 정확히 말해서 발견 불가능한 일치다. 즉 이는 해소되지 않는 간극과 어긋남으로부터 양자 사이에 존속하는 것이다. 따라서 이와 같은 (실재의) **무작위**는 충분히 이해될 수도 없고 통합될 수도 없으며, 하나의 단어에서 일치하지 않는 두 차원이 더이상 합치될 수 없는 순수한 우연의 일치의 잔해를 통해서만 마주칠 정도다. 이 두 차원을 편의상 하나는 (순수한 우연의 일치를 통해 발생하는) **사건의** 차원으로, 다른 하나는 (다른 것과 완전히 합치하고 일치할 수 있는) **구조의** 차원으로 명명할 수 있다. 양자 사이의 해소 불가능한 간격에서 나타나게 될 것은 바로 **실재에 고유한 간격**일 것이다. 즉 그것은 실재가 우리에게 벗어나도록 하는 것이며, 더 정확히 말해 이로부터 우리가 직면하는 것은 '실재'에 대해 저항의 효력을 발휘하는 실재적인 것이다.

여하튼 이런 간극과 그것이 열어놓는 무작위에서 작동하는 것이야말로(그 간극에 대해 신중하게 거리를 두거나 그것을 은폐하는 대신) 서구 근대성에 속하는 일이다. 이 두 의미를 작위적으로 일치시키기보다는 서로 경쟁하게 하고 심지어 서로 반대하여 작동하도록 하는 것이 근대성의 요청이다. 고백건대 나는 『감정교육』처럼 매우 엄격한 소설과 관련하여, 플로베르가 왜 그토록 사건 차원의 (불가능에 가까운) 합치에 의거하고 (마치 재미로 그러듯이) 우발적인 마주침을 겹겹이 쌓아 과감한 일치를 산출하는 장치를 작동시킨 것인지 오랫동안 의문을 가져왔다. 소설적 환상을 격렬하게 비판했던 플로베르는 어째서 자신의 소설을 구성하고 서사에 긴장을 주기 위하여 한 사태가 아무 관계도 없는 다른 사태가 일어나는 바로 그 순간에 일어나게 하고, 이에 따라 그토록 예상치 못한 엇갈림을 통해 이루어져야 할 일이 일어나지 않게 하여 사태들의 예상된 흐름이 돌이킬 수 없이 변형되게 해야만 했는가? 고백컨대 『마담 보바리』는 내게 약점으로 보이는 이런 결점에 있어서 예외다. 이 소설에서 개연성의 비율은 정상적이라고 말할 수 있다. 그러나 『감정교육』에서는 어째서 프레데릭이 그토록 기다리던 델로리에가 마침내 그의 집에 입주한 바로 그날 처음으로 아르누의 저녁 초대를 받아야 했는가? 재회의 저녁은 없었고 각자는 자기 쪽에 가 있었다. 또는 어째서 프레데릭이 그토록 세심하게 준비된 첫번째 약속을 기다리던 바로 그 순간 아르누 부인의 아들이 갑자기 아프게 되고 동시에 혁명이 시작되어야 하는가? 만남은 이루어지지 않았고 사랑의 쟁취는 거기서 멈추게 된다.

그러나 지금 보니 플로베르가 순수한 우연의 일치, 너무도 우발적이어서 작위적인 합치를 남용한 것은 어떻게 현실이 실질적인 방식으로 합치하는 데 실패하는지 더욱 잘 예시하기 위해서였다. 적합성에 따른 이성의 진리에 대립하여 삶의 진리를 이루는 불가능한 적합성을 더욱 잘 강조하기 위해서인 것이다. 즉 이 경우 **우발적 합치의 과도함**은 현실이 정합성을 찾고 입증하며 정당화하게 하는 **근원적 합치의 결핍**을 표현하거나, 더 정확히는 그것을 저버린다. 또는 이 소설에서 순전히 사건 차원의 우발적 합치 남용은 참된 적합성의 권위를 갖추고 이성적 사명을 지닌 더욱 구조적인 정합성의 결핍을 더 생생하게 드러낸다. 그런데 이는 사랑과 마찬가지로 우정에도 해당된다. 이 소설은 주인공 삶의 대비되는 두 영역인 사랑과 우정에 관련한 내용으로 마무리된다. 만남은 항상 기대되거나 애석한 것이 되고 결과적으로 항상 연기되거나 어긋나는바, 매우 뜻밖으로 이루어지지 않은 재회나 매우 우발적으로 놓친 약속은 양쪽 모두 이성적 차원의 합치란 결코 발생하지 않는다는 점을 강조한다. 반복되는 우연적 합치의 비개연성을 개의치 않고 서사의 끝은 이런 본질적 결함, 그리고 그에 따른 탈-합치의 작업을 절정에까지 몰고 간다. 프레데릭이 결국 루이즈와 삶을 함께하겠다고 생각하며 노장(Nogent)으로 되돌아갔을 때, 그는 도지사가 된 델로리에의 팔에 안겨 교회에서 나오는 바로 그 순간의 그녀를 발견한다. 그 직후 프레데릭은 파리로 가고 프로방스 거리 골목에서 뒤사르디에를 죽이는 세네칼을 **정확히** 때맞춰 발견한다.

사회와 정치, 그리고 정서와 '감정'에 관련해서도 마찬가지다. 합치는 단지 표면의 결과일 뿐이며 유지되지 않는다. 자신의 원칙에 안주한 교조주의적 가정교사와 그야말로 대중적 관용에 극히 걸맞은 영웅인 상점 점원의 관점(삶)은 한순간 잘 일치할 수 있고 심지어 서로 적합한 것처럼 보인다. 그러나 역사의 진전과 계급의 이해(利害)는 이와 같은 합치가 얼마나 뿌리내리기 힘든지를, 그리고 이런 합치는 노골적으로 전도(轉倒)되는 쪽을 향해 나아간다는 것을 일찌감치 보여준다. 실제로 거짓 신뢰가 있듯이 거짓 합치가 있다. 조화로운 겉모습 아래 그만큼 각자를 고독으로 되돌려보내는 합치 말이다. 프레데릭과 로자네트는 껴안고 함께 울지만 각자 자기를 위해서 운다. 프레데릭은 연인을 잃어서 울고 로자네트는 아이를 잃어서 운다. 플로베르는 장면을 체계적으로 만듦으로써 그 해체가 더욱 설득력 있게 나타나게 하는 데 주저하지 않는다. 경매는 삶이 사로잡혀 있는 본질적인 탈-합치를 전형적인 양상에서 극적으로 전개하기도 한다. 매우 행복하게 적응한 정부(情夫)가 보기에는 너무도 조화롭고 합치되었던 이 아파트 안의 모든 것들이 속옷, 보석부터 이곳에 사는 여인의 내밀함에 이르기까지 공개적으로─정숙지 못하게─흩어진 채 경매장에 나타난다. 그 모든 것이 해체되어 무차별적으로 낯선 몸과 장소 들로 되돌아간다.

그런데 이 불가능한 합치에서 우리는 혹여 벗어날 수 있는가? "아르누 부인은 그에게 손을 내밀며 아름다운 얼굴을 돌렸다. 그들은 부드럽고 무한정하며 작은 흔들림과 같은 도취에 빠져 눈을 감았다." 아무런 저항도 주저도 없이 주체들을 지극히 적합하게 결합함으로써 결국 충족되는 사랑의 합치 말이다. "그의 팔은 열렸고, 그들은 선 채로 길게 입맞추며 포옹했다." 그런데 곧이어 "마루가 우지끈 소리를 냈다……." 가장 있음직하지 않은 우연으로 경쟁자인 다른 여인, 로자네트가 예고 없이 들어올 수 있었고 그들 곁에 선다. 합치의 두번째 의미인 사실 기반의 순전히 우발적인, 더 정확히는 지극히 인위적인 합치가 드러내는 것은 사랑의 근원적인 합치, 즉 완성될 순간 실재가 자기 나름의 논리를 발견하며 마침내 인정받을 합치는 일어날 수 없다는 것이다. 그런데 우리가 타자와 합치할 수 없다면 혹여 자기 자신과는 합치하겠는가? 그러나 삶에서 합치가 불가능하다면 '산다는 것'은 무엇이며, 우리는 이에 대해 절망해

야 하는가? 혹은 산다는 것이야말로 도리어 항상 탈합치하려
는 역량이 아니겠는가?

3. 산다는 것은 탈-합치하는 것이다

오히려 산다는 것 자체가 합치하는 것이라고 생각할 수 있을지 모른다. 나아가 세상뿐 아니라 자기 자신과 단절 없는 합치 속에 있는 것, 바로 이것이 산다는 것의 정의(定義)라고 할 수 있을지도 모른다. 이런 합치는 바로 내가 살아 있음을 느끼게 해주는 외적인 동시에 내적인 지각(나의 감각aisthèsis과 동시에 수동적 감정pathema)을 구성하고 있기 때문이다. 이런 합치, 즉 이 경우와 같이 동시성과 일치성의 두 의미를 합치시키는 것이 나의 현재를 정의하며 바로 이 현재가 나를 살아 있게 한다고 말할 수 있을지도 모른다. 그러나 이런 생각은 핵심적인 두 가지를 간과하는 것이다. 한편으로 현재의 순간은 그 흐름에서 포착되지 않고 끊임없이 빠져나가는 것이므로, 따라서 이런 합치는 그 원리가 의심스럽다. 그뿐만 아니라 특히 삶의 가능성 자체를 이루는 능력은 상세히 들여다보면 정반대에 속한다. 끊임없이 탈-합치한다는 사실, 즉 안착된 합치를 계속 해체한다는 사실로부터 삶의 현상 자체, 달리 말해 생생하게 살아 있는 한에서의 삶의 현상 자체가 비롯되는 것이다. 왜냐하면 쇄신으로서의 산다는 것이 무엇인지 잘 이해해야 하기 때문이다. 실제로 산다는 것은 영속을 위해 이전 상태를 연장하고 지속시키는 것이 아니다. 이전 상태가 계속 지속될 경우 삶은 굳어지고 해체되어 죽음을 향하기 때문이다. 산다는 것은 오히려 이전 상태를 벗어나는 일이고 밀착 상태의 결속을 지속하는 것이 아니라 그것을 깨는 일이며, 이는 그로부터 새로운 것이 계속 나타나게 하기 위함이다. 다시 말해 산다는 것은 '현재'라고 칭해지는 상태에 이른, 따라서 그 상태의 고갈에 이른 적합성으로부터 떨어져 나와 삶을 다시 가동하기 시작하는 것이다. 산다는 것은 계속해서 살기 위해 이전 상태에서 단절 없이 탈-합치하는 것이다.

우리는 결코 자신이 겪고 있는 상태와 합치하지 않는다. 우리는 미래로 투영하거나 과거를 회상하는 정신을 통해 육체의 상태를 항상 넘어서며, 우리를 삶 속에 유지해주는 것은 바로 (생리적으로) 필연적이고 계속적인 탈-합치다. 이 점은 플라톤 역시 다음의 강력한 문구에서 압축하고 첨예화한 바 있다. "모든 생명체의 '기획'은 육체가 항상 현재 겪고 있는 상태의 반대로 향하는 데 있다."(『필레보스』, 35c) 즉 산다는 것은 그야말로 가장 기초적인 의미에서, 현재 느끼는 상태(pathema)와의 합치 불가능성으로 인해 스스로를 플라톤의 말에 따른 '도약 상태(hormé)' 속에 유지하는 것이다. 지금 나는 목이 마르고 동시에 자연스럽게 내가 향하는 것은 비움의(갈증의) 상태를 벗어남으로써 그 반대 상태(충전-해소)로 이행하는 것이다. 내 안에 있는 삶의 표현 자체로서 나의 '욕망'은 나를 죽음으로 이끄는 현재 상태로부터 탈합치하게 하면서 살아 있도록 해준다. 플라톤이 삶을 유지해주는 이런 탈합치를 설명하기 위해 무척 편리하게도 (여기서 그가 증명하고자 하는) 영혼과 육체의 이원론에 의거한다는 점은 사실이다. 왜냐하면 현상태에 갇혀 있는 것은 육체고, 따라서 육체와 탈-결속함으로써 과거 기쁨의 기억을 통해 미래의 기쁨을 갈망하게 하는 것은 영혼이기 때문이다. 그럼에도 불구하고, 바로 이런 점에서 플라톤은 생성의 불안정한 흐름과 분리된 존재 안에서 모든 적합성을 정초하는 합치의 존재론적 사유 내에서조차, **삶을 유지해주는 긴장**을 조명하기 위해 이와 같은 합치에 균열을 내야 했던 것이다.

　그런데 내가 보기에 **탈-합치** 개념은 단지 삶의 긴장을 이해하고 그리하여 삶이라는 계속적인 쇄신을 조명하는 데 있어서만 결정적인 것이 아니다. 이런 쇄신은 순환과 신진대사 현상에 한정될 수 있는 것이 아니라 '비약'의 능력 또는 이른바 **도약** 능력이 있기 때문이다. 내가 보기에 탈합치 개념의 범위는 더 넓으며 나아가 가장 광대한 층위, 즉 생명의 기원들에서부터 시작하여 특히 종(種) 진화에 관한 우리의 현 지식과 관련된 생명 발달 과정의 층위에 걸쳐 전개된다. 실제로 생명이 이 세상에 전개되고, 인간적인 것이 활성화되어 마침내 출현하고 그 독특성을 드러낼 수 있었던 것은 시간의 흐름 속에서 때로는 더 급격하고 때로는 더 안정된 방식으로 이어지는 탈합치 덕분이 아닌가? 그런데 바로 이런 점에서 우리는 지성사의 가장 매혹적인 발견에 속하는 한편 이른바 가장 잔인한 자기애(自己愛)적 상처 중 하나인 진화론에 경의를 표해야 한다(나는 식물원의 '진화 진열실'이 세상에 존재하는 것 중 가장 교훈적이라고 생각한다). 우리는 고생물학자들의 수많은 업적에 대해 감탄에 사로잡히는 한편 무언가 다소 (철학적으로) 부족함을 느낀다. 우리는 고생물학자들이 역사상 단번에 주어진 '인간 본성'이라는 지나치게 안이한 표상을 결정적으로 해체하고 인간의 생성, 더 정확히 말하자면 인간이 **된** 과정을 줄곧 더욱 적확하고 지극히 끈기 있게 재구성해온 점에 무한히 감사해야 한다. 수많은 화석과 뼈, 두개골이나 치아 형태를 수집하고 세밀하게 비교하여 원숭이에서 인간으로의 점진적인 이행, 즉 원인(猿人)에 대해 하나의 의미에서나 다른 의미에서 '안드로피테쿠스'나 '피테칸트로푸스'로 지시할 수 있을 정도의 매개적 단계를 마침내 우리가 접할 수 있게 해준 데 감사해야 하는 것이다. 그러나 동시에 우리는 '진화' 개념이 충분하지 않다는 것을 알고 있다. 아직도 매우 결함이 많지만 우리에게 유일하게 남은 이 거창한 서사(유인원에서 영장류과로, 아과(亞科) 사람종(種)으로, 또한 사람종의 변화로는 호모 하빌리스에서 호모 에르가스테르 등으로의 서사)의 선형적이며 단계적인 특성은 이와 같은 발생(더 정확히 말하자면 출현)의 연쇄 현상, 그리고 이 현상이 지닌 새로운 것(즉 예측 불가능한 동시에 독창적인 것)에 대한 윤색의 불가피한 결과가 아니겠는가?

실제로 '인간'이 도달한 진화는 우선 적응과 **적자생존**에 따른 분화에 속한 단계적 과정으로서 제시되었다. 그러나 이는 우리가 줄곧 깨닫고 있듯이 진화에 내포된 우발적이고 부적합한 동시에 급격하고 우연적이고 위태로우며 즉흥적인, 결과적으로 예측 불가능한 면을 감추는 처사가 아니겠는가? 인간이 직립하여 걷기 시작했다면 이는 잘 알려져 있듯 기후 온난화에 따라 숲이 대초원보다 줄어들었기 때문이고, 장차 **사람종**(homo)이 된 것은 그때까지 보금자리로 삼았던 나무들을 버리고 환경에 적응하여 땅 위에서 계속 더 멀리 양식을 찾아나서야 했기 때문이라는 것이다. 그러나 이런 설명은 충분하고 통일성 있으며 그 자체로 **매끈하게** 다듬어졌는가? 어쩌면 이는 이런 **연쇄**에서 은미하게 생겨난 **이탈**을 축소한 결과가 아닌가? 왜냐하면 이 인간이 되기 이전의 존재는 우선 정합성과 그를 나뭇가지에 매달려 살게 한 선행 합치로부터 빠져나와 새로운 적응에서 전개하게 될 것의 위험을 감행할 수 있어야 했기 때문이다. 즉 이제부터 그를 독특하게 만들 보행의 자원에서 위험을 감행해야 했던 것이다. 환경에 대한 이런 새로운 적합성은 사실상 이탈에 앞서 초과가 있었기 때문이 아닌가? 이 인간이 되기 이전의 존재가 결국 떠나가게 될 선행 합치의 바깥으로 자신을 끌어올리게 한 초과 말이다. 다시 말해 이런 적응은 탈-적응, 더 엄밀히 말하자면 고인류학자들이 '선택적 진화'라고 부른 것이 앞서 있었기 때문이 아닌가? '선택적 진화'는 좀더 다듬어야겠지만 이 경우 계속 사용할 필요가 있는 개념이다. 선택적 진화란 새로운 잠재성들이 나타나고 시도될 수 있는 선행 적응으로부터 빠져나오는 것을 뜻한다. 달리 말하면 안착된 기능성(규범성)에 대한 탈-결속을 통해 가능한 것들의 전혀 새로운 가동이 드러나고 활성화되는 것이다. 이 가능한 것들은 처음엔 위태롭지만 곧이어 점점 더 축적되고 활용되는 것들이다.

오랫동안 제시된 바로 보자면, 진화론이 직면했던 난점은 사실상 연속성과 단절을 조화시키는 데 있다. 이유는 다음과 같다. 한편으로 **이탈**과 **분기(分岐)**가 확인된다. 즉 직립보행, 언어, 사유 같은 완전히 새로운 것(전대미문의 것)이 나타난다. 그런데 진화 개념에 함의된 연속성 때문에 새로운 것이 출현할 수 있게 하는 분리를 규명하는 데 어려움이 생긴다. 그러나 다른 한편으로 항상 관건인 것은 오직 과정이고, 단절의 도입은 연쇄-계통을 무력화하므로 받아들일 만한 것이 아니다. 따라서 연속성은 '질적 비약'을 설명하지 못하므로 불충분하다면 비연속성은 항상 자의적인 단절, 즉 우리가 형이상학의 표시임을 아는 단절의 편의성을 따르므로 만족스럽지 못하다. 반면 탈합치는 **분리**와 **흐름**을 결합된 채 유지함으로써 과정적 연속성을 확보하는데, 그럼에도 불구하고 이는 결과적으로 완전히 다른 질서에 속하는 것으로 드러날 과정적 연속성이다. 즉 탈합치는 **결국에** 근원적으로 새로운 것으로 드러날 가능성이 어떻게 선행 질서 및 그 정합성에 점진적으로 개입하는 내적인 탈-결속을 통해 나타나는지 보여준다. 이를테면 **탈합치**는 선행 적합성과 적응이 분열되고 이로부터 다른 적합성과 적응성이 새로 생겨날 수 있게 하는 복잡한 과정을 드러낸다. 따라서 탈합치는 단절이 아닌 분란과 탈착으로서 과정들의 연속성에 개입하는 것을 묘사하며, 이에 따라 출현 가능성을 그 과정에서 유지시켜 (자의적이지 않고) 정합적이게 한다. 그리고 이런 **출현**의 가능성으로부터 **실존**의 활성화가 사유될 수 있을 것이다. 요컨대 탈합치는 장차 인간이 되는 것이 어떻게 생명체의 발달 과정에 전적으로 통합되면서도 나머지 모든 생명체로부터 절대적으로 분리되는지, 또한 그것이 계속 자연에 속하면서도 이처럼 자연에 파열을 일으키며 침입할 수 있다는 것을 밝혀준다.

이유는 다음과 같다. 한편으로 '동물성'이 벗어나지 못한 자연성에 종의 진화 과정에서 나타난 바로 그 인간이 도입한 통약 불가능성이 있다. 물론 모든 생명체는 변이와 번식의 긴장 속에 있는바 이런 자연성 역시 변형되어왔지만 말이다. 인간이 '실존한다'는 것은 인간만이 **자기 세계의 바깥**에 설 수 있다는 것을 의미한다. 동물성은 주변 환경에 통합되어 있고 전적으로 유한에 속한다. 동물성에서 이탈한 인간은 생명체이면서도 그 내부에서 미지의 것과 무한에 열려 있다. 인간적 사랑 또는 더 정확히 '에로티즘'으로 명명될 것은 바타유가 주장했듯 어떻게 보면 동물적 성교와는 아무 관련이 없다. 물론 인간적 사랑도 항상 호르몬 분비와 교배가 관건이긴 하지만 말이다. 이런 의미에서 형이상학의 오래된 담론은 나름대로 일리가 있다. 왜냐하면 침팬지 역시 도구를 만들고 연합 관계를 조직하며 우정이나 배신의 능력이 있다고 해도, 또는 보노보가 정상체위 성교를 한다고 해도, 특히 해부학적으로나 역사적으로 볼 때 인간이 되기 전의 상태와 인간적인 상태의 경계를 정확히 어디에 설정해야 하는지 모른다고 해도, 인간이 된 것은 이제부터 절대적으로 별개다. 언어와 사유는 완전히 다른 본성에 속한다.

또는 우리가 이제 '인간적 예외'를 쉽게 받아들이지 않는다고 해도, 그럼에도 불구하고 인간이 된 것은 선택적 진화를 통해 자신의 위험과 위기를 겪으며 예외가 되었다. 인간이 된 것은 바로 이 점에서 **실존할** 수 있다. 그는 자연성의 한가운데에서 (파생과 비정상의 방향으로까지) 간극을 벌려놓았으며 '어긋난 것이다'. '인간'은 그 자체로 자연 안에서 그리고 자연으로부터 일탈한 것 아닌가? 그러나 한편 형이상학적 분리에 도로 빠져서 인간의 '본성'이라는 너무도 안이한 옛 신화로 되돌아와 유심론으로 선회해서도 안 된다. 요컨대 진화론의 교훈을 간직하되 그것을 '자기애적 상처'로 간주해서도 안 되는 것이다. 즉, 인간이 된 것 안에 열린 초월성을 인정하되 동시에 인간이 기원을 둔 자연적 과정의 내재성 안에 그가 머물도록 해야 한다. 이처럼 **탈-합치**는 어떠한 내적 정합성을 통해 인간이 되는 것 안에서 초월성의 차원이 세상에 생명이 출현한 이후의 연속적 전개 과정에 실질적으로 진입하게 되었음을 통념상 신으로 명명된 외적 초월성을 전제하지 않는 가운데 사유하게 해준다.

따라서 적응과 (자연도태이든 성도태이든 간에) 도태라는 기존 개념들은 충분치 않다. 그러나 이 개념들이 유물론적이거나 노골적으로 환원적이라고 판단되기 때문이 아니라, 진화론 자체가 끊임없이 제시했던 것을 이 개념들로 설명할 수 없기 때문이다. 즉 이전의 생존 능력에서 빠져나와 결국 그것에 포착되지 않게 된 새로움의 출현을 설명할 수 없기 때문인 것이다. 왜냐하면 적응 능력이 아무리 중요하다고 해도, 인간이 된 것이 마침내 사유처럼 세계에 대해 이질적인 것을 점차 산출할 수 있었던 것은 선택적 진화를 통해서, 달리 말해 자신의 적응성 바깥에서 위태로워지고 그것과 간극을 벌리는 능력을 통해서이기 때문이다. **마찬가지로** '존재들의 단계', '완성을 향한 성향'(다윈은 아직 라마르크의 가설에 불과했던 이것을 매우 강하게 비난했다), 그리고 자연의 목적론에 관한 이전의 도식들도 포기해야 할 것이다. 이들은 가치론적인 개념들로서 형이상학 관념론의 흔적을 간직하고 있다. 그런데 **탈-합치**는 과정적 차원을 철저하게 유지하고 그 어떤 '생존원칙'이나 완전성의 원리를 전제하지 않으며 그 어떤 합목적성에 정향되지도 않는다. 탈-합치는 서로 간극을 벌리고 (인간들과 그 사촌인 침팬지들처럼) 서로 대조되는 갈래들로 다양화되는 계통들 간의 분리를 통해 수직적이기 이전에 수평적인 방식으로 확산된다. 탈-합치의 의미는 선행 질서가 해체되지만 그 위태롭고 불확실한 귀결을 간직하는 데 있다. 그러나 이로부터 귀결될 것이 예상된다거나 나아가 전제된다는 것은 아니다. 그렇게 갓 시작된 것이 또한 불발할 수 있기도 하니 말이다(실제로 종의 진화 과정에서 얼마나 많은 가능한 것들이 탈합치 속에서 불발되어야만 했는지……). 따라서 탈합치는 창조적인 미지로 열리며 이에 따라 활성적일 수 있지만 그렇다고 해서 상향적인 것은 아니다. 탈합치는 선행하는 규범성이 필연적으로 지닌 폐색과 폐쇄에서 빠져나옴으로써 (선택적 진화) 모종의 가능한 것을 드러내는 데 만족한다. 이 점에서 탈합치는 예술에서 창작되거나 또는 실존으로서 활성화되는 것을 위한 개념으로 적절히 사용될 수 있을 것이다. 또한 이 점에서 탈합치 개념은 부차적인 것이 아니며, 무엇이 시초일 수 있는지를 마침내 신화적 방식이 아닌 실질적 방식으로 밝혀줄 수 있다.

4. 태초에 탈합치가 있었다

다시금 우리는 오히려 합치가 최초라고 생각할지도 모른다. 합치의 두 가지 의미 모두에서 합치가 최초라고 말이다. 실제로 최초의 결과가 발생하려면 한 사태가 다른 사태를 우연히 마주쳐야 한다고 생각할 수 있을 것이다. 우선 물체들 간에 우발적으로 마주침이 일어나고 그들의 궤적이 우연히 교차하며 충돌이 처음으로 발생해야 집적체들이 형성되어 생성이 귀결되면서 자연이 '자기 임무를 완수할 수 있다'고, 그래야 세계가 모습을 드러내고 생명이 나타난다고 말이다. 또한 적응이 이루어지고 적합성이 확립되어야 그로부터 일치가 도출될 수 있고 이에 따라 출현한 것이 불발되지 않고 생존하며 발달이 보장된다고 생각할 수도 있을 것이다. 그러나 다시금 이는 위대한 시초, 세계라는 무대의 시작 장면을 묘사하는 것이지 시초의 가능성의 조건을 밝혀주는 것이 아니다. 시초의 가능성은 그런 일치의 상류에서, 즉 이 일치가 인정될 수 있기 위해 가정해야 하는 애초에 연루된 이탈에서 발견되어야 한다. "태초에……있었다……" 그런데 태초에 무엇을 파우스트가 원하듯이 설정할 수 있을 것인가? 태초에 '말씀'이 있었던 것도 아니고 '사유'가 있었던 것도 아니며 '힘'이 있었던 것도 아니고 나아가 '행동'이 있었던 것도 아니다. 이 모든 용어들은 각각 자신의 속성을 고유의 것으로 참칭하고 있으며, 따라서 실체화하기 쉽고 우리가 잘 아는 신화적 미래를 그 자체로 보장받은 용어들이다. 그러나 어떤 방식으로도 '자기 자신'으로 명확히 정해지지 않고 본질로서 한정되지도 않은 것이 태초에 있었다. 태초에 탈합치가 있었다.

왜냐하면 이 경우 우리는 루크레티우스와 같이 다음의 질문을 던질 것이기 때문이다. 즉 우선 어떤 마주침이 발생할 수 있고, 어느 순간 원자들이 서로 부딪칠 수 있으며, 우발적인 충격이 원자들 간에 일어날 수 있고, "자연은 이런 일 없이는 아무것도 창조하지 못했을 것(nil unquam natura creasset)"이라는 사실은 어디서 비롯하는가? 빗방울만큼 세찬 원자들이 위에서 아래로 공백의 심층을 향해 영원히 낙하하지 않는다는 점, 그리고 원자들이 물체로서 자기 본성을 따르면서, 달리 말해 위대한 자연의 적합성에 부합하지만 또한 결과적으로는 서로 접촉할 수 없는 가운데 그처럼 낙하하지 않는다는 점은 어디로부터 비롯하는가? 왜냐하면 루크레티우스는 난점을 숨기지 않고 오히려 다음과 같이 정확히 강조하기 때문이다. 공기

나 물과 같은 환경이 더 무거운 물체들의 압력을 더 빨리 따른다고 할 때, 무한한 공백은 이런 환경에서 일어나는 일과 달리 무겁든 가볍든 낙하하는 모든 물체에 무차별적으로 노출된다. 이로부터 우리는 어떤 물체가 더 무겁다는 이유로 다른 물체에 부딪치고 그것과 '우연히 함께 마주치며', 따라서 이들의 충돌하에 최초의 창조적 요동을 산출할 수 있다고 설명할 수 없다. 그러나 이 경우 무엇인가 우연히 접촉을 통해 처음으로 산출되고 세계의 시초를 개시할 수 있다고 설명하게 해줄 모종의 정합성을 내세울 것인가?

따라서 루크레티우스에 의하면(『사물의 본성에 관하여』, 제2권, 216절 이하), 은미한 굴절이 우선 일어남으로써 우리가 시초라고 생각했던 이런 마주침 또는 우발적 합치가 실질적으로 발생하고 미리 결정되지 않은 특정 순간과 장소에서 물체들이 서로 충돌하게 된다는 점을 전제해야 할 것이다. 물체들이 허공으로 직진 낙하한다는 자연법칙의 중대한 적합성과 반대로 최소한의 이탈이나마 일어난다고 전제해야 하는 것이다. 즉 원자들이 정해진 수직 궤적에서 조금이나마 어긋남으로써 세계가 생성되게 하는 최초의 접촉이 원자 사이에 우연히 일어나야 하는 것이다. 루크레티우스가 엄격히 강조하는 바에 따르면, 그렇다고 해서 물체들의 중량으로 인해 정상적으로 부여된 수직 궤적과 다른 궤적을 적용해야 한다는 것은 아니다. 즉 불가사의한 다른 궤도를 이 물체의 것으로 상상해내고, 현재 우리에게 보이는 것과 어긋나는 은밀한 경사(傾斜)를 이 물체에 귀속시켜야 한다는 것이 아니다. 확인된 경험 및 자연의 규칙성을 이루는 데서 벗어나자는 것이 아니라, 최초의 어떤 '기울기(clinamen)'라는 우발적 가능성을 필연적으로 상정해야 한다는 것이다. 비록 포착되지 않을 정도로 미미할지라도, 물체들이 영원히 평행하게 계속 낙하하는 대신 충돌에 의한 마주침의 최초 가능성이 나타나고 그로부터 곧이어 모든 것이 전개되기에 충분한 기울기 말이다.

이처럼 루크레티우스는 물체들의 정해진 운동에 대한 최초 탈합치 가설을 그들 궤적의 최소한의 이탈에 대한 표상하에 논리적으로 취하게 되며, 따라서 이 가설은 물리학적 합리성에 균열을 일으키는 것이 아니라 오히려 그 정합성과 조건을 더 통합적으로 밝히려고 대범하게 시도하는 것이다. 이는 에피쿠로스주의의 약점이거나 키케로가 생각한 것처럼 상식의 결여(또는 베르그송이 비난했듯이 유치한 창작)이기는커녕, 실제로는 실재가 사유에 포착되지 않는 이런 **틈새**에서 기반을 세우려는 매우 공들인 방식이다. 즉 합치에 대해 우발적 마주침이나 완전한 적합성으로 파악된, 또는 통상적으로 '사건'과 '구조'의 차원들로서 편리하게 표상된 것으로 파악된 두 의미가 연결되지 않는 지점에서 기반을 세우려는 방식인 것이다. 왜냐하면 여기서 관건은 주어진 질서가 쓸모없지 않고 생산적이도록 일말의 무질서나 신비를 조잡하게 도입하는 것이 아니기 때문이다. 오히려 어떻게 무질서에서 질서로 이행하는지를 사유하는 것이 관건이다. 즉 어떻게(무슨 이유로) 적합성-일치성으로서의 합치를 조금이나마 느슨하게 할지, 그리고 이 경우 물체들의 수직 낙하라는 합법적 규범에 따라 모든 것이 자기 자신과 합치하는 질서로부터 탈합치해야 함을 사유하는 것이 관건이다. 그렇게 할 때 우발적 마주침으로서의 합치가 일어날 수 있고 이런 법칙성과의 간극을 통해 모종의 가능성이 **출현**할 수 있다. 어떤 것이 물리적 차원에서 자연 안에 생성될 수 있을 뿐 아니라, 루크레티우스가 강력하게 말하듯 윤리적 차원에서 자유(**자유의지**libera voluntas)와 같은 어떤 것이 이 논리의 **연장선 자체에서** 자리를 잡고 발휘될 수 있는 것이다.

모든 것이 일치하고 합치하며 적합성에 있고 완벽하게 조정된 질서에 대해 항상 조금이나마 간극을 벌림으로써, 즉 극히 미세하더라도 정해진 규칙성에 대한 탈합치를 통해서 실제로 어떤 것이 우발적 마주침을 통해 나타날 수 있고 마찬가지로 개별 의지와 같은 결정권이 인정될 수 있다. **클리나멘**(clinamen) 이론은 이처럼 최소한의 탈합치로서 필요한 것을 사유하며 루크레티우스의 말에 따르면 원자들의 끊임없는 운동으로부터 모든 순간 정신이 취하게 될 방향에까지 이르는 것으로, 이를 통해 창조적 합치가 그것에 내포된 우발성과 함께, 곧 자유의 조건에서도 실질적으로 가능해지는 것이다. 따라서 이는 인위적인 방식으로 물리적 질서와 도덕적 질서를 다시 연결하는 것이 아니며 사물을 압도하는 결정론 안에 비결정의 안전판을 재미삼아 도입하자는 것도 아니다. 또한 인과성의 원리를 일시적으로나마 전복하거나 우연을 복원함으로써 (초창기 물리학자들의 **운명론**eimarmené 같은) 필연적 연쇄에서 벗어나자는 것도 아니다. 요컨대 (니장[6]이 규탄해야 한다고 생각했듯이) 과학의 진리를 이루는 냉혹한 유물론에 균열을 일으킬 관념론의 효소를 차후에 은밀히 재주입하자는 것이 아니다. 오히려 관건은 탈합치의 동일한 논리가 실재적인 것을 관통하며 그런 이유로 '실재'가 연속성을 통해 존재하는 것인바, 자연의 한가운데에서 예술과 실존의 활성화에 이르기까지 즉흥으로 행하고 창조할 중단 없는 가능성이 펼쳐짐을 이해하자는 것이다. 따라서 이는 사물들의 규범성 및 조밀한 규칙성을 해제하는 탈합치의 최초 도입을 통해서 자유를 사유하는 유일한 방식이다. 이 경우 자유는 물리학으로부터 기입되므로 자의적인 것이 아니며 형이상학적으로 부여된 것이 아니기 때문이다.

또는 이 근원적 탈합치를 절대자의 수준으로 설정할 경우 우리는 그것을 신으로 명명할 수 있다. 오늘날 신을 명명하는 것이 아직도 의미가 있다면 그것은 필시 '신'을 탈합치로 명명함으로써일 것이다. 적어도 기독교는 신(성부)이 자기 자신으로

---

6 폴 니장(Paul Nizan, 1905~1940)은 프랑스의 소설가이자 비평가로 사르트르와 친교가 있었다.

부터 (그의 아들로) 탈합치함으로써 ('성령'으로서의) 신 안에서 능동적으로 스스로를 활성화하는 독특한 종교다. 또는 생명으로서의 신은 십자가 위에서 죽음으로써 생생한 삶, 달리 말해 '영원한' 삶을 활성화하기 위하여 자신과 탈합치한다. 즉 신은 자기 자신과 탈합치하면서 신과 긴장관계에 들어가며 스스로 신으로서 가동한다. 왜냐하면 자기 자신과 합치하고 자신과의 결합과 완벽한 일치 속에서 자신과의 적합성을 누리는 신은 생산력이 없기 때문이다. 이런 경우 신은 신의 무능력속에 있다고 할 수도 있겠다. 오히려 신은 스스로 자기 자신과 간극을 벌릴 때 비로소 자기 안에서 실효적이게 된다. 「요한복음」의 서언은 로고스와 신이 동시에 동일자임에도 불구하고 양자 사이에 도입하는 최초의 탈합치를 통해 이 점을 장엄하게 제시하고 있다. 로고스가 '태초에' 정립되었거나 '신 앞에서(pros ton theon)' '원리로서(en arché)' 정립되었다면, 이는 거꾸로 신 안에 갇혀 있고 자기 자신에게 온전히 흡착되거나 자기 자신, 즉 숙명적으로 자기의 본질이 될 것이다. 달리 말해 자신과 탈결속되지 않고 자신을 타자에게 여는 내적 간격 없이 자신과 합쳐진 신은 신 안에서 퇴색되거나 억제될 것이다. 그렇기 때문에 요한은 "태초에" 탈합치가 있었다고 말한 것이다.

그런데 요한은 신을 탈합치로 생각하기 때문에 '신'을 대립된 것, 그래서 변증법적으로 발전되기로 예정된 것 안에 설정하지 않고 관계가 없는 것, 즉, **틈새** 안에 설정할 수 있다. 그러지 않으면 이 틈새는 「요한복음」 서언에서의 ("태초에 로고스가 있었다."에서) '있었다'와 ("모든 것이 그로 말미암아…… 되었다."에서) '되었다'는 두 동사, 그리고 서로 잇따르는 두 시점 사이에 벌어진 채 그대로 남게 된다. 즉 한편으로는 '존재'로서의 구조적 차원으로, 다른 한편으로는 그 자체로 단수형 인칭(autos)의 사건적 차원인 생성의 사건적 차원으로 명명될 수 있는 것의 틈새에 신을 설정할 수 있는 것이다. '있었다'와 '되었다'는 관계가 없다. 그러나 신의 탈합치 안에서, 또는 신이 (대립에 대한 헤겔의 논리적 사례에서처럼 매개가 아니라) 탈합치이기 때문에 **관계가 없는 것이 관계 속에** 들어가게 된다. 즉 통상적 용법으로 말하자면 초월성과 내재성은 마주칠 수 있게 된다. 요한이 이야기하게 될 세상에서의 신의 역사가 가능해지는 것이다. 실제로 생성은 가치들의 위계를 동시에 확립하는 그리스의 존재론에서처럼 더이상 존재의 그림자로서 존재의 보호 아래 사유되지 않는다. 더 정확히 말하자면 관건은 더이상 생성이 아니라 발생, 즉 아무것과도 관계되지 않고 아무런 틀에도 잡히지 않는 순수한 강림이다. 존재만큼 절대적인 이것을 요한은 곧바로 삶(zôé)이라고 명명한다. 여기서 삶은 그리스인들이 윤리적·정치적 삶(bios)으로 명명한 것처럼 규정성이 있는 삶이 아니라 생생한 삶으로서의 삶, 따라서 죽을 수 없는 삶이다.

신이 탈합치로서, 즉 인간적 죽음으로 죽기까지 하는 그의 아들이 도입한 탈합치로서 사유된다는 점에서, 「요한복음」

에 나타난 그리스도의 모든 가르침은 이 최초의 탈합치를 통해 요청된 성부와의 합치를 역방향으로 가동하는 데 있다. "나를 믿는 자는 나를 믿는 것이 아니라 나를 보낸 이를 믿는 것이다……." 그리스도의 삶 전체는 사건적 차원으로 진입하도록 하는 이 근원적 탈합치로부터 진행된 합치의 역사적 가동(또는 인류 운명의 수준에서 볼 때 '언약'으로 명명될 것의 가동)에 다름 아니다. 그리하여 요한은 가장 일반적인 방식에서 자아와의 필연적 탈합치를 실질적이지만 안착되는 않은 합치, 더 정확히 말하면 결코 안착하지 않았기 때문에 이 '자아'를 끊임없이 활성화하는 합치의 조건으로 삼는다. 능동적인 방식으로, 따라서 결정적이지 않은 방식으로 합치하려면 우선 탈합치해야 한다는 점이 「요한복음」의 논리적 핵심이며 이로부터 그 역설이 이해된다. 그리고 이는 우선 요한의 유일한 성찰 대상은 아닐지라도 그 핵심 대상인 '삶'의 현상 자체에 해당된다. 왜냐하면 잘 알려져 있듯이 삶을 실질적으로 전개할 수 있으려면 삶에서 탈합치해야 하며, 바로 이것이 '삶'의 고유성을 이루기 때문이다. 왜냐하면 "자기의 삶을 사랑하는 자는 삶을 잃을 것이며" 자기 삶에 집착하고 그에 함몰되어 그로부터 이탈할 줄 모르는 자는 살아 있을 수 있는 능력을 상실한다. 요한이 간파했듯 삶은 그 원리에 있어서 탈합치이며, 결과적으로 그는 이를 주체의 삶의 규칙으로 삼는다. 오히려 "이 세상에서 자기의 삶을 미워하는 자", 즉 그런 삶과 탈합치하기로 선택하는 자는 "자기 삶을 영원한 삶으로 보존할 것이고", 달리 말하면 삶을 단지 생명 유지에 필요한 숨을 의미하는 **혼**(pusché)이 아니라 **생생한 삶**(zôé)으로 유지하는 것이다. 그리스도는 이런 말도 한다. "아버지께서 나를 사랑하시는 것은 내가 삶을 다시 얻도록 삶을 내려놓게 하기 위함이다." 자아와의, 그리고 자기 삶과의 탈합치는 자기 삶을 전개한다는 목적의 수단으로서 명시적으로 주어진 것이다. 그의 제자들과 함께할 때도 그들에 대한 열린 탈합치, 그들과의 간극(떠남)은 관계를 강도 있게 하며 관계를 미래로 열어놓는다. "나는 물러났다가 너희에게 온다." **물러남**은 포기가 아니라 이와 같은 **접근**의 조건이다.

따라서 우선 논리에 가해진 왜곡으로 보이는 것에 대해 논리적 조치를 취해야 할 것이다. 이 역설의 정합성을 더 살펴봄으로써 진리에 대한 우리의 통상적이고 더 피상적인 의미를 의문시하면서 더 깊은 진리에 관해 이 역설이 드러내는 것을 탐색할 필요가 있다. 합치가 그 대립물에서 비롯하거나 탈합치에서 성립 조건을 발견하는 것, 달리 말해 합치의 상류에서 그 대립물로 되돌아와야 하고 이는 그 대립물로부터 합치의 가능성을 밝히기 위해서라고 생각하게 되는 것은 실제로 가장 일반적인 양상에서 확증되어야 할 일이 아니겠는가? 또한 이는 진리에도 해당하는 일 아니겠는가? 진리에 대한 근원적 진리를 다시 찾아야 하니 말이다. 왜냐하면 진리는 정확히 합치로서 (고전적 공식에 따라 "사물과 정신의 일치"로서) 정의되고 통상적으로 판단과 판단 대상 사이의 일치성으로 파악되기 때문에, 결과적 차원에 불과한 이 합치로부터 최초의 것인 탈합치로 거슬러올라가야 하지 않겠는가? 나아가 이는 하이데거가 술어적 단계에서 표현되는 진리의 일치성으로부터 그 존재론적 상류로 되돌아갈 것을 요구하면서 조명하는 진리의 더 근원적인 정합성이 아닌가? 이처럼 그는 탈은폐로서의 진리로부터 진리가 뿌리내린 동시에 거기서 뽑혀나온 '은폐(Verborgenheit)'로 거슬러올라가도록 하지 않는가? 그러나 '탈-은폐'나 '탈-엄폐(Entbergung)'에 따라 사유하기보다 **탈합치**에 따라 사유하는 일은 '숨겨진', '가려진', '감춰진', '엄폐된' 것, 안전하게 간직되고 따라서 근원적인 것에 부여된 하이데거적 영역이 암시하는 (이데올로기적으로 의심스러운) 무용한 신비에 매이지 않아도 되는 유리함을 제공해줄 것이다.

물러남을 '유보'로서 '존재의 지평'에서 사유하는 것이 필연적으로 적합한 일인가? 전통적으로 존재론에 결부된 신화(계몽, 은폐, '광명'의 신화)를 피하고 기원에 대한 모든 구도, 나아가 그에 따른 표상이 지닌 환원성에서 면제될 수 있지 않은가? 왜냐하면 표상은 이미 출현된 것이고 항상 개별적인 것인바, '기원'은 그 어떤 표상 속에서도 잡히지 않는 것이기 때문이다. 탈합치 개념에 관해 말하자면 이는 자기 자신에서 탈결속하는 것이고 그리하여 모든 '자아'의 적합성을 해체하며 본질과 정체성의 가능성을 무너뜨리기 때문에 즉각 존재론에서 이탈하는 것이다. 나아가 바로 이런 점이 탈합치 개념에서 실체적 표상을 제거함으로써 이 개념을 매우 포괄적으로 작동하게 하며 개념으로서 그것의 사명을 전개하는 것이다. 따라서 탈합치 개념은 다음의 모든 것들을 묘사하는 데 사용될 수 있다. 즉 무슨 이유로 생명이 그 기원에서부터 자기 자신에서 탈합치하며 생명으로서 전개되는지(그리고 '인간'으로 귀착하는지), 또는 어떻게 원자들의 궤적이 이루는 은미한 탈합치를 통해 발생을 일으키는 마주침이 (루크레티우스의 물리학에서) 일어날 수 있는지, 또는 무슨 이유로 「요한복음」에서 신이 자신의 아들로 탈합치하면서 신으로서 실효적일 수 있는지 묘사하는 데 사용될 수 있는 것이다. 탈합치 개념은 예술 창작이나 실존의 활성화를 설명할 때도 사용될 수 있을 것이다. 탈합치는 기원적 구도를 요구하지도 않고 그 정합성을 특권화된 시각에 고정시키지도 않은 채 기원적 가능성의 조건을 묘사한다. 따라서 탈합치는 이념적 틀에서 면제되고 그리하여 실효적인 과정에 가장 가까이 머물면서 기원적 가능성의 조건을 묘사한다.

이 점에서 **탈합치**는 서양에서 사유를 존재론적 기반에서 해방시킨 첫번째 학문, 즉 언어학이 적어도 소쉬르 이후 발전시킨 모습 그대로의 차이 개념과 마주치게 된다. 왜냐하면 언어학이 **차이**를 출발점으로 설정함으로써 은미하지만 더욱 효과적인 방식으로 존재론과 단절했다는 점은 잘 알려져 있다. 즉 언어학은 (언어의) 실재를 실증적 실체들로 구성되는 내용인 실어나 핵문, 유성음이나 의미론에 따라 사유하지 않았고, 구별의 양상에서 오직 차이의 관계들로부터 속성들이 귀결될 수 있다는 것을 입증했다. 이에 따르면 무(無)조차도 속성으로 나타나며, 특히 이는 존재론이 수용할 수 없는 것이었다. 또한 프랑스어에서 동사 '연기하다(différer)'가 현전의 유보를 의미하는 것과 마찬가지로, 데리다는 언어학적 차이의 첫번째 위상을 다시 다룸으로써 존재와 존재자의 차이[7]뿐만 아니라 유보에 관한 하이데거적 사유와 마주치며 존재론으로부터의 탈주를 구상했고 이 같은 존재론으로부터의 벗어남을 **차연(différance)**이라는 개념으로 명명했다. 그런데 차연과 탈합치가 각각 존재론의 입장을 해체하고 기원적인 것의 모든 본질화를 동일하게 규탄한다면, 이들의 관점은 서로 일치하게 되지 않겠는가? 요컨대 **탈합치**와 **차연**의 관계는 무엇이며, 나아가 이들은 아직 구분될 수 있는가?

탈합치와 **차연**이 존재론 밖으로 돌파하면서 사실상 서로 일치하는 방향으로 간다는 것은 다음과 같은 점에서 확인된다. 즉 차연은 반송과 연기인 한에서 '존재'가 의미하는 현전

---

7 하이데거는 '파랗다', '인간이다' 등 동사로서의 존재와 '인간존재', '살아있는 존재'(생명체) 등 명사로서의 존재를 우선 구분한다. 그러나 하이데거는 존재(현존)하는 사태를 말할 때만 '존재'라는 용어를 사용하고, 실체들을 나타낼 때는 '존재자'의 개념을 도입한다. 즉 '의자의 존재', '인간의 존재' 등 '존재자'들의 '존재'를 말할 수 있듯이 '존재자는 존재한다'라고 할 수 있는 것이다. 존재와 존재자의 이와 같은 차이를 하이데거는 '존재론적 차이'로 명명한다.

의 존재자의 가능성을 해체하고, 마찬가지로 탈합치는 합치한다는 사실 자체가 본질과 정체성으로서 구성되는 것을 해체한다. 따라서 각각의 개념이 기원적인 것으로서 설립하는 것은 (형이상학에서처럼) 원리가 아니며 (신학에서처럼) 위대한 시작도 아닌 근원적 '무작위', 즉 데리다가 명명했듯이 "차이들의 무작위"다. 또는 탈합치의 경우 우발적인 것과 조정된 것 사이의 무작위다. 데리다가 말했듯이 결과적으로 결코 '이루어진' 적이 없는 것을 계속해서 해체하는 "시작 없는 시작으로서의" 이 같은 무작위는 **언어**로 하여금 차연의 틀 안에서 무한정하게 떠돌도록 해주며, 탈합치의 경우는 **실존**으로 하여금 무한정하게 전개되도록 해준다. 이로부터 차연과 탈합치는 둘 모두 '유동성'과 무한한 과정으로서 동사적 명사형으로만 파악될 수 있으며, 우리는 탈합치(décoïncidence)에 a를 넣어 'décoïncidance'라고 쓸 수 있을 것이다. 요컨대 두 개념 모두 포화 상태나 존속 불가능한 충전을 규탄한다는 데서 일치한다. 한편에서는 현전의 결함이 나타나게, 즉 모든 현재화를 불가능하게 만들며 다른 한편에서는 정합성의 결함이 나타나게, 즉 모든 적합성이 유지될 수 없게 만든다. 그러나 즉각성에 의한 이 불가능한 현전이 언어의 끝없는 무작위에 필요한 것과 마찬가지로, 일치성에 의한 이 유지 불가능한 정합성은 실존의 끝없는 전개에 필요하다. 데리다의 **차연** 개념이 결정적으로 말하는 것은 현전과 마찬가지로 기호 쪽에서의 공상적 합치다.

즉 현전에 의한 기호의 온전한 일치는 그들 사이에서와 마찬가지로 그들 안에서도 불가능하다. 오히려 이 불가능한 겹침, 즉 첫번째 의미에서의 합치야말로 기호와 현전을 무진장(無盡藏)하게 작동하도록 해주는 것이다.

그럼에도 불구하고 두 개념은 각자의 용법이 분기하는 서로 다른 두 지평에 기입된다. 차연이 **현재화**로서의 모든 현전 체계를 해체한다면, 탈합치는 **응집**인 한에서의 모든 정합성 체계를 해체한다고 하겠다. 달리 말해서 차연이 문제시하는 것이 현전의 가능한 현재화라면, 탈합치가 문제시하는 것은 결정적으로 조정된 것(채택된 것)으로서 적합한 것의 가능한 적합성, 즉 그것으로부터 **흡착**이 귀결되는 적합성이다. 또한 데리다적 차연이 분열과 기원적 분할의 절차, 반송과 연기를 발생시킴으로써 '간격'과 '사이'의 논리를 나타나게 하는 반면, 탈합치의 경우는 거리두기가 아닌 **이탈**에 따라 발현된다. 즉 반송과 간격이 아닌 탈결속과 **간극 벌리기**에 따라 발현된다. 간극 벌리기의 고유성은 분란을 출현하게 하는 것이고 그렇게 간극에서 분리된 것을 긴장관계에 넣는 것이기 때문이다. 따라서 차연이 현전에 기원적 부재가 섞이도록 하여 현전의 확립된 위상을 해체하고 그에 따른 '흔적' 속에서 현전-부재의 대립 자체가 해체되도록 한다면, 탈합치의 작업은 정합성 안에 기원적 결함을 나타나게 함으로써, **확정성으로 설립된** 적합성의 공식화된 위상을 바로 그 정합성 안에서 해체하는 데 있다. 모든 확정성의 고유한 점은 그 적합성에 정착하는 것이고 그 안에 흡수되는 것이며 거기서 합법화되는 동시에 매몰되는 것이기 때문이다. 합치는 그 흡착 속에 잠들어 있다. 따라서 탈합치가 도입하는 것은 '잘라내는 시작'의 도려내기라기보다는 **부정**의 침(針)이다. 이 점에 관해서는 다시 다룰 것이다. 그래서 차연의 관점이 의미화 가능성 또는 더 정확히 말해서 '글쓰기'로서 의미화 규정의 가능성이라면, 탈합치의 간극 벌리기가 가동하는 탈착을 통한 탈합치의 관점은 **의식**의 활성화일 것이다. 그런데 엄밀히 말해 오직 탈합치를 통해서만 의식이 있다는 것은 삶의 한가운데에서 의식을 예술과 실존의 요인으로 삼는 것에 다름아니다.

5. 탈합치에서 의식이 비롯한다

다시금 우리는 오히려 합치가 의식의 존재 양상이라고 생각할지도 모른다. 나아가 의식은 합치를 통해 정의되며 합치가 의식의 조건이라고 생각될 수도 있다. 실제로 의식은 정신의 자기 자신에 대한 현전, 헤겔이 말했듯이 정신의 "즉각적 현존재(das unmittelbare Dasein des Geistes)"가 아니겠는가? 그러나 현전이야말로 합치 가능한 대상이 아니다. 현전은 결코 엄격히 현재적인 방식으로, 윤곽선을 긋고 고정시킬 수 있는 방식으로 의식에 나타나지 않는다. 현전은 항상 **풀어헤쳐진다**. 데리다가 말했듯이 현전은 "연기된" 것에서만 노출되는바, 항상 '차연'되고 항상 시간차와 간격이 생긴다. 그렇기 때문에 현전은 상당히 펼쳐진 능력일지라도 결코 의식의 능력과 합치할 수 없다. 그런데 현전은 의식에게는 합치 가능한 대상이 아닐 뿐 아니라, 만일 의식의 현재 상태와 거기에 겹쳐지는 과거 상태 사이에서처럼 의식의 자기 자신과의 합치가 무엇일 수 있을지 생각해본다면, 예를 들어 내 꿈이 현실이 될 경우 의식은 증진되는 것이 아니라 반대로 막힌다는 점이 확인될 것이다. 이로부터 거꾸로 정신이 정당한 권리로서 요청하는 탈합치, 초과, 불일치의 작업, 그리고 적합성으로부터의 탈출 작업을 통해서 우리가 '자각'한다는 점을 이해하게 될 것이다.

또한 이 점에서 정신과 의식이라는 두 능력을 구분하고 나아가 대립시켜야 한다. 왜냐하면 정신은 합치 능력이 있고 심지어 합치를 사명으로 삼기 때문이다. 정신은 합치의 지성적 도구다. 즉, 나는 발생한 특정 현상이나 추론으로 정신을 향하게 하고 고정시키며 정신을 통해 그것을 따라간다. 내 정신은 그것에 스스로를 적용하며 집중하고 주의를 기울인다. 그러나 의식은 도구적이지 않다. 의식은 고정되지 않으며 특정 방향으로 나아가지도 않고 주의력도 없기에, 결과적으로 적합성의 능력이 없다. 달리 말하자면 정신 고유의 작용은 인식하는 것이며 인식은 일치성에 진입하면서 형성된다. 정신은 사물과 합치하고, 바로 이것이 진리의 규범적 정의(定義)이기 때문이다. 반면 의식의 활동은 인식하는 것이 아니며, 정신이 그러듯이 표상하는 것조차도 아니다. 오히려 자신의 경계를 더 멀리 밀어냄으로써 자신의 능력을 현실화하면서 '자각하는 것'이다. 즉 의식 자신의 반성적 장(場)으로 들어가게 함으로써 순간적으로 자각하는 것이며, 또는 (왜 이 용어를 수입해야 하는지 모르겠지만) 영어로 말하듯이 '실감하는 것(to realize)'이다. '실감한다는 것(어떤 사람이 죽거나 어떤 일이 생긴 것을 나는 실감하거나 실감하지 못한다)'은 이런 점을 '실재'에 속한 것으로서 자기 사유에 (단지 사유에만 해당될까?) 통합하는 데 성공하는 것이다. 또는 아마도 그것을 인정하기 어려움에도 불구하고 심지어 유일한 실재로서 그것을 자기 사유에 통합하는 데 성공하는 것이다. 이 경우 관건은 더이상 (적합성에 의한) '참'의 파악이 아니라 오히려 파열을 일으키는 침입을 통한 **실효적인 것**의 파악이기 때문이다.

따라서 이런 '자각'이 그것에 내포된 분리 및 파열적 침입과 함께 정신의 합치 및 일치 작용하에 은폐되지 않도록 경계해야 할 것이다. 정신의 사명이 합치라는 점은 데카르트가 '코기토(cogito)'에서 사유의 출발점으로 삼은 '명증성'과 같은 정신의 기초적인 요청이 말해주는 것이다. 실제로 명증성이 사유하는 정신과 사유된 사물 사이의 완벽한 일치가 아니라면 무엇이겠는가? 그러나 이는 후설이 명증성의 경험을 더 정확히 묘사하기 위해 주장하듯이 "의식에 현전하는 사물"을 가질 정도일 것인가? 이로부터 우리는 후설이 그 이전의 모든 유럽 지성론과 마찬가지로 자각하고 '실감'하는 능력으로서 의식 고유의 활동을 오직 정신의 작용하에 정돈하고 인식에 병합함으로써 등한시하고 매장해버린 것은 아닌지 물을 수 있을 것이다. 왜냐하면 만일 우리가 통상적으로 만족해하는 모호한 진리가 대략적으로 합치하는 것일 뿐이라면, 엄정한 진리는 후설이 단언하듯 합치가 완벽하고 엄밀한 진리, 곧 학(學)의 기초가 되는 진리 자체이기 때문이다. 엄정한 진리는 사물에 의한 정신의 온전한 '채움'이 있고 이에 따라 정신과 사물 사이에 '적합한 상응(stimmende Deckung)'이 있을 때의 진리 자체인 것이다. 그러나 의식이 자기 자신에 현전하는 것과 혹여라도 **실질적으로** '상응'할 수 있을까?

따라서 우리의 정신 속에서 특정 사실이나 진리를 관념으로서 적합한 방식으로 표상하고 **코기토**의 '영원한' 경험을 교훈적 가치가 있는 듯이 다시 한번 되짚을 것이 아니라, 우리가 현재적으로, 즉 실질적으로 체험하는 것에 우리를 현전하도록 시도해볼 수 있겠다. 그런 것을 정확히 자각하도록 시도해보기 위해, 우리로 하여금 분명 가장 즉각적으로 실재를 마주치게 해줄 사실, 이를테면 기쁨에 대한 느낌에 의거할 수 있을 것이다. 예를 들어 내가 오늘 오후에 샹젤리제 극장에서 〈파이드라〉를 연기하는 베르마(Berma)의 재능을 자각하려 시도한다고 해보자. 이 공연은 내가 아주 오랫동안 기대해온 것이다. 게다가 현전하는 이 현재를 분리시키고 부각하기 위한 모든 것이 준비되어 있다. 어둠에 잠긴 관객석, 조명이 밝혀진 무대, 모두의 기다림, 마침내 울리는 세 번의 신호, 그리고 시작을 알리는 침묵……. 그러나 매우 잘 세팅되고 선택된 지금 이곳에도 '대상'으로서 내가 실질적으로 합치에 들어갈 수 있는 것은 없다. 그토록 찬양받는 여배우의 연기의 매력을 바로 그 자리에서 자각하도록 해줄 나의 기쁨조차도, 이 기쁨이 퇴색될지 모른다는 염려가 없지 않은 가운데 내가 기다리던 때와 같은 **이전의** 것이다. 또는 열렬한 첫번째 박수가 대중의 인정을 입증함으로써 이 기쁨을 소급하여 정당화할 때와 같은 **나중의** 것이다. 그러나 **바로 그 자리에서** 나는 아무것도 파악하지 못했고, 그럼에도 불구하고 내가 외워서 알고 있는 이 긴 독백에 의해 내게 나타난 것을 구분해내지 못했다. 『꽃핀 소녀들의 그늘에서』의 화자가 말하듯이, "나는 그녀가 자신에게 감탄하도록 보여준 근거들의 단 한 조각도 놓치지 않으려고 내 눈, 귀, 정신을 베르마로 향하게 했지만" "그 근거들 중 단 하나도 건지는 데 성공하지 못했다."

의식은 '바로 그 자리에서는(sur le coup, 이는 타격을 받았을 때sous un coup asséné처럼 정확한 용어다)' **그 실효적인 것을 통합하는 데** 실패한다. 그러나 이는 언뜻 그렇게 보이는 것처럼 너무 빠르기 때문은 아니다. 이런 논증은 불충분하다. 오히려 현전의 이런 즉각성은 바로 그것이 즉각적이기 때문에, 더 본질적으로는 그것을 **실재로서**(이른바 '실시간으로') 나의 의식에 들어오게 할 수 없다. 그리하여 나는 궁여지책으로서 안이한 근거들을 생각해낸다. 우선 무대가 너무 멀어서 잘 보이지 않기 때문이라고 생각한다. 또는 내가 오페라글라스의 확대경을 통해서 베르마를 바로 보는 것이 아니라 그녀의 이미지를 보는 게 아닌지 염려한다. 심지어 "그 둘 중에 누가 베르마인지도" 모를 수 있다. 왜냐하면 의식은 갑자기 나타나는 이런 실효적인 것 때문에 어지러워지고 어두워지고 동요되며, 심지어 기쁨의 감정일 것에 의해서조차도 그 실효적인 것 안에서 자신을 고정시킬 곳을 찾지 못하기 때문이다. 게다가 의식은 그 실효적인 것을 더더욱 합치의 **대상**으로 삼을 수가 없다. 현전은 우리가 그것을 고정시키려 할 때 숙명적으로 분열되고 풀어헤쳐지며 붕괴된다. 이는 주의력 결여 때문도 아니고 지각의 결함 때문도 아니다. 오히려 극장에서 현전이 재현될 때조차도 현전은 현재화되지 않기 때문이다. 현전이 실질적으로 느껴지고 체험되기 시작하는 것은 오직 회고적으로 매개를 통해서일 뿐이다. 예를 들어 다음과 같은 모순을 통해서다. 상연된 공연에 대해 나는 어느 정도 실망하는 동시에 그것이 이미 끝난 것을 아쉬워한다. 나아가 이 '즉각적' 현전은 역설적으로 거리를 두고 모호하게만 마주칠 수 있거나 프루스트가 결론 내리듯이 오직 **아우라**를 통해서처럼 마주칠 수 있다. 동시에 여기에는 주체로부터의 자기암시가 일정 부분 섞일 위험이 상존한다. "내가 박수를 칠수록 내게는 베르마가 연기를 더 잘하는 것 같아 보였다."

뱅퇴유의 소나타[8] 역시 마찬가지다. 우리는 결코 이 소나타의 청취를 충만하게 의식하면서 그것과 동시간에 있는 것이 아니다. 왜냐하면 작품이 조금이라도 까다로울 경우 그것을 처음

---

8 프루스트가 상상해낸 가상의 작곡가.

들었을 때 우리는 아무것도 못 듣고 아무것도 구분해내지 못하기 때문이다. 프루스트가 주목하는 바에 따르면 우리는 오직 회상의 토대가 될 것이 있어야만 기억을 떠올릴 수 있기 때문에, 여하튼 우리는 별도로 분리될 수 있는 그 무엇도 거기서 식별하지 못한다. 그리고 기억은 결코 그런 것을 즉각 제공할 수가 없다. 다른 한편으로 그 작품을 여러 번 듣고 나서 그것에 대한 지각이 분리될 때, 우리가 한층 민감하게 느꼈고 더 쉽게 좋아했던 것은 프루스트의 말에 따르면 습관을 통해 이미 우리가 듣는 것에서 벗어나 감각의 '포착' 바깥에 있기 시작한다. 의식은 실질적으로 먼저 합치하지도 못하고 곧바로 이어서 합치하지도 못한다. 마주침은 항상 어긋나고 연기된다. 우리가 듣는 작품은 늘 '흐릿한 부분들'처럼 지각되는 '안개 속'과 같이 항상 거리감을 두고 '멜랑콜리하게' 우리에게 남는다. 프루스트가 요약하기를, 이 점에서 또한 작품은 "삶과 닮아 있다". 그가 바로 앞서 주목하게 했듯이 이 점에서 작품은 특히 사랑과 닮아 있다. 우리가 사랑하는 사람(질베르트) 곁에서 "그 이상의 어떤 것에 대한 욕망", 즉 한정되지 않는 욕망 때문에 그야말로 혼란 없이는 그 사람을 볼 수 없듯이 우리는 그가 현전하는 순간 자체, 그럼에도 불구하고 가장 강렬하다고 여겨졌던 그 순간 자체에 그를 사랑한다는 '감정'을 체험할 수 없는 것이다.

만일 나의 의식이 외적 출현과 온전한 합치에 들어갈 수 없다면, 그럼에도 불구하고 이 외적 출현의 현전은 음악의 경우처럼 내적으로 가장 잘 통합될 수 있는 것인가? 그와 반대로 나의 의식은 내 의식의 한가운데에서, 또는 자아와 자아의 사이에서 합치에 들어갈 수 있을 것인가? 그러나 자아와 자아의 합치가 실현될 경우, 이런 합치는 자각을 야기하기는커녕 오히려 그것을 해체한다는 것이 확인되지 않겠는가? 실제로 이런 완벽한 합치가 내가 그토록 꿈꿨던 것과 그 실현 사이의 그것처럼, 합치의 첫번째 의미인 기하학적 의미에 따라 양자가 서로에 의해 완전히 일치하고 전적으로 겹쳐지며 이 의미를 충족하면서 산출될 경우, 나는 내 행복을 자각할 수 없다. 즉 나는 그 행복을 바깥에서 확인해야 할 뿐이며 "그것을 내적으로 소유하지는 못한다." 오늘 내가 그 행복을 자각할 수 있으려면, 예를 들어 나에게 금지된 것으로 여겨졌던 질베르트와의 만남이 이제 가능해졌다는 사실을 자각할 수 있으려면, 그토록 갈망했던 이 현실을 맞이하는 바로 그 순간에 나는 그것을 맞닥뜨리지 못해야 할 것이다. 프루스트의 말에 따르면 이 현실은 모든 점에서 내가 "손댈 수 없는 것"으로 남아 있고, 결과적으로 나의 현재 의식 한가운데에서 내 과거에 대해 이루어진 전복을 헤아리게 해주는 간극이 꿈과 현실 간에 유지된다. 그러나 "이토록 완전한 합치들 속에서" "현실이 우리가 그토록 오랫동안 꿈꿔온 것에 들어오고 적용될 때, 이 현실은 우리가 꿈꿔온 것을 전적으로 은폐하며 마치 두 도형이 동일하게 겹쳐져 단 하나의 도형을 이루듯 그것과 합치된다." 프루스트가 재차 말하듯이 이처럼 꿈과 현실 간에 이루어진 합치가 의식의 진입을 막는다는 것은 완전한 겹침을 통해 동화하고 은폐하는 것이 합치의 고유성이라는 의미이며, 결과적으로 자각은 반대 양상에서 즉 탈-합치와 난입(亂入)을 통해서만 이루어진다는 점이 드러난다.

나의 의식이 합치를 사명으로 겨냥하는 나의 정신과 합치하는 한에 있어서, 곧 정신이 요청하는 적합성과 조정의 양상에 따라 지배되는 한에 있어서 나의 이런 의식 능력이 **고유한 것으로 출현할** 필요가 없다는 사실이 아니라면, 다른 무엇이 그 자체로 나의 자각을 방해하겠는가? 이런 경우 나의 의식 활동은 정신을 통해 조정된 규칙성에 만족하게 된다. 즉 정신이 진리로서 제시한 일치성에 만족하고 다른 것을 '실감'할 필요가 없다. 내 의식 활동은 분란을 일으키는 다른 것을 실효적인 것으로서 의식 안에 들어오게 할 필요가 없는 것이다. 통상적으로 인식의 능력하에 정돈되는 의식 능력은 정신이 부과하는 규범성에 대한 간극을 모른다(범하지 않는다). 따라서 이런 의식 능력이 자신에게 할당된 기능에 따라 정신에 제시하는 것은 정신이 그 기능에 요구하는 것밖에 없으며 그것을 넘어서지도 않는다. 통상적으로 우리의 의식은 경제적인 이유에서 우리 정신의 지도에 따라 반(半) 수면상태에 있고 취약한 활동 안에 있으며 정신에 상관되어 있다. 의식이 깨어나고 능동적으로 활동하는 것은 오직 정신이 기대하지 않거나 나아가 스스로의 구성

논리하에서는 믿을 수 없는 실효적인 것을 의식 스스로의 내적 영역에 들여놓을 수밖에 없을 때뿐이다. 예를 들어 나는 질베르트의 편지를 받지만, 실제로 편지 아래에서 그녀의 서명을 확인하고도 '실감'을 하지 못한다. 내 정신은 항상 이런 행복이 불가능하다고 믿어왔으며 여전히 그렇게 믿기 때문에 자각을 하지 못하는 것이다. 그것은 분명 현실이지만, 나는 그것을 '실감'해야 한다. 즉 강제로 내 의식 안에 통합시켜야 하는 것이다. 반면 자신의 투영된 규범성, 가능과 불가능의 논리적 분류에 지배된 내 정신으로서는 그것을 받아들일 수가 없다. 여기에는 프루스트가 주저 없이 그 혼미의 효과를 묘사하는 난입이 있다. 그토록 갈망하던 이 "믿을 수 없는" 편지를 본 일은 "내게 즐거움을 주지 않았다." 한순간 그것은 오히려 "나를 둘러싼 모든 것을 비현실성으로 엄습할" 뿐이었다. "믿을 수 없는 이 서명이 나의 침대, 난로, 벽의 네 모퉁이에서 현기증 나는 속도로 흔들거렸다."

정신의 규범화된 틀(원칙상 불가능한 그 편지)에 대해 (내가 서명을 지각할 때) 나의 의식이 갑자기 자각해야 하는 것으로부터의 매우 노골적인 탈합치가 있기에 이 같은 지각의 전복이 반작용으로 산출되는 것이다. 의식은 통상적으로 자신의 활동이 정신을 통해 조정되도록 두게 마련인데, 갑자기 정신으로서는 인정할 수 없는 것을 실재로 통합하기 위해서는 정신에 반하여 가동해야 한다. 소설가가 사건을 묘사할 수 있으려면 사건에 대해 이처럼 능란한 장치가 있어야 했다. 그러나 철학에 관해 말하자면, 전통적으로 철학은 정신과 의식 사이에 나타나는 모든 일탈을 경계한다. 철학은 감각과 정신을 대립시키거나 심지어 (칸트의 경우처럼) 지성과 이성을 분리하는 데 만족하고 심지어 그리하기를 즐기며, 곧이어 해묵은 이원론에 대해 상상력과 같은 모든 매개를 원하는 대로 편하게 모색한다. 그러나 무엇보다도 철학은 정신에 대해 인정된 자신의 지배력을 암암리에 위협하고 인식의 지배를 붕괴할지 모를 능력들의 또다른 잠재적 갈등을 받아들이지 않는다. 또한 (헤겔의 경우) 의식을 단지 정신의 즉각적 '현존재'로 보고자 하거나 의식과 정신을 (후설의 명증성의 경우처럼) 상호 협력 관계인 한 쌍으로 간주한다. 혹은 그 이전에는 (로크의 자아self처럼) 의식을 지각들의 계속적 흐름 속에서 '자아'를 식별하는 도구로 삼으며 의식을 사용하여 주체의 정체성을 확립하기도 했다. 그러나 철학은 의식이 정신의 지배와 간극을 벌리고 정신과 분란을 일으키며 더 나쁜 경우 그리하도록 강제된다는 점을 고찰하지 않으려 한다. 이와 반대로 예술, 특히 근대 예술은 이런 간극에서 작업했고(이것이야말로 예술이 행하는 단절이 아닌가?) 나아가 이 간극을 개척하고자 했다. 초현실주의는 이런 간극을 성립 조건으로 삼기까지 했다. 초현실주의는 정신이 구축한 틀, 즉 적합하고 조정된 정신의 합치 체제를 깨는 데 집중했다. 그 결과 의식은 이 모든 장치, 즉 장벽이 되는 장치로부터 탈합치함으로써 '실재적인 것' 또는 실효적인 것을 **실질적으로** 자각할 수 있다. 의식은 이 실재적인 것을 정신의 예상에 따라 조정되도록 두는 대신 그것을 실재로서 받아들일 수 있다.

왜냐하면 어느 날 받은 질베르트의 편지, 눈앞에 놓고서도 정신이 불가능하다고 "믿는" 그 편지처럼, 실재적인 것의 급작스런 표출이 (아마도 그것이 가끔씩 우연히 우리의 눈에 들어올 때만큼 고통스럽게) 이미 지표가 설정된 의식의 장으로 갑자기 난입해오면 당황한, 즉 정신의 논리적 틀에서 빠져나온 의식은 정신이 통상적으로 의식을 우회하게 하는 바로 그것을 실감할 수밖에 없기 때문이다. 따라서 정신이 편안해하는 적합성과 적응에 의한 합치에서 탈합치함으로써, 즉 정신과 그 논리적 규범성이 스스로를 탈합치에서 보호하기 위해 구축한 모든 것에도 불구하고 의식은 어떤 희생을 치르든 이 실재적인 것을 실재로서 받아들여야 한다. 요컨대 이런 것이 바로 정신의 부인(否認)에 맞서는 예술의 도전이다. 실재적인 것을 정돈하는 방식으로(이런 것이 공식적으로 '이성'이라 불린다) 가공하는 정신이 더이상 자신의 범주에 종속되지 않는 실재적인 것에 방해받지 않도록 의식을 감독하고자 한다면, 정신에 맞서 이 같은 분란의 조건을 조직하고 실행에 옮기는 것은 예술의 몫이다. 즉 예술의 몫은 정신에 맞선 분란의 조건을 사실들 속에서 조직하는 것이다. 왜냐하면 우리의 언어는 애초부터 지성적이고 정신 쪽으로 옮겨가며, 결과적으로 의식 고유의 활동을 말하는 데 극히 서투르기 때문이다(이 때문에 또한 근대 예술은 오늘날 철학이 사유해야 하는 출발점이기도 하다). 특히 프랑스어는 이 점에서 심각하게 취약하다. 이는 프랑스어의 합리주의와 나란히 가는 것이다(그리고 초현실주의의 폭력적인 저항을 야기했다). 프랑스어는 내가 계속 언급하는 이 진부한 '자각하다', 또는 영어에서 차용했고 매우 오랫동안 의심받아온 '실감하다(to realize)' 정도만을 갖추고 있으니 말이다. 반면 영어는 '자각(consciousness)'과 같은 표현으로 우리를 이미 여정에 놓을 수도 있다. 특히 영어의 의식함(awareness)은 이와 같은 정신의 틀과 탈결속하는 의식의 출현을 향해 신호를 보낸다.

서양이 선(zen, 禪)이라는 이름 아래 받아들인 것이 (선을 '위기'가 닥쳤을 때 노력의 도덕을 대체할 마음 안정의 도덕으로 폄하하는 광고 담론 "선이 되세요"와 같이) 이에 대해 행해진 어리석음과 대척점에 있다면, 나아가 선이 그 자체로 극동 학파들 간의 특수한 전통 이상을 표상하고 사유의 본질적 경험을 구성한다면, 이는 선이 정확히 어떻게 탈합치를 통해 우리에게 의식이 나타나는지 가르쳐주기 때문이다. 즉 우리가 어떻게 오직 정신의 적합성 체제에서 급작스럽게 탈결속됨으로써 '그러함'[9]을 자각할 수 있는지를 가르쳐주기 때문이다. **실효적인 '그**

---

9 줄리앙은 노장(老莊) 사상과 불교에서 강조하듯이 작위가 개입되지 않은 상태, 즉 그냥 '그러함'(然)을 '이처럼', '그렇게' 등의 의미를 지닌 프랑스어의 'ainsi'로 옮긴다.

러함' 말이다. 선은 인도에서 유래한 불교의 가르침을 고대 중국의 암시하고 유인하며 동작의 개시를 알리되 추론적이지 않은 '화두(話頭)'의 실천으로부터 다시 취함으로써, "있는 그대로의 모습(tathatā, 眞如)" 또는 선불교에서 사물들의 '그러함'으로 명명하는 것을 실감하게 하려고 한다. 달리 말하면 '부처의 본성', 즉 다른 곳에서 찾아야 할 것이 아니라 즉각성에서 찾아야 하는 부처의 본성을 실감하게 하려는 것이다. 그리고 이는 의식으로 하여금 항상 명시적으로 밝히고 더 설명할 뿐이며 따라서 직접적인 파악을 가로막는 정신의 연쇄로부터 놀라움을 통해 벗어나게 함으로써 이루어진다. '진여'가 정신의 대상으로서 항상 이미 준비되어 있는 것이라고 의심받는다면, 해방된 의식이 이 **그러함**에 이를 수 있는 것은 결과적으로 유일하게 남은 가능성인 정신의 당혹을 통해서일 뿐이다. 선은 우리가 적합성을 갖춘 정신 체제를 빠져나오게 하기 위해 정신의 혼란을 겨냥하는 전략적 시도다. 선은 이와 같은 적합성을 확립하는 담론의 조건을 체계적으로 무너뜨리면서 시작한다. 또한 기호의 반송 기능을 단호하게 끊어버리고 지시 관계를 느닷없이 해체하며 심지어 의미의 사명을 이루는 데서 벗어난다. 그러나 선은 이런 것을 **말 안에서** 행한다.

　동산(洞山) 선사가 "부처는 무엇입니까?"라는 (통상적인) 질문을 받았을 때, 그는 "마(麻) 세 근이다!"라고 답한다. 조주(趙州) 선사는 "뜰 앞의 잣나무다!"라고 답한다.(『무문관』 제18칙, 제

37칙) 동산 선사는 마의 무게를 달고 있었다. 그에게 처음 눈에 들어온 것은 이런 "그러함"을 매한가지로 말해줄 수 있는 것이다. 실재의 모든 편린이 똑같이 그의 포착 대상이다. 그 사이에 추상화와 코드화가 끼어들기 시작하지만 않으면 된다. 구지(俱胝) 선사는 질문을 받을 때마다 손가락 하나를 세웠다. 그러나 동자(童子)가 똑같이 따라 했을 때(코드화가 다시 나타났을 때) 그는 동자의 손가락을 잘라버렸다. 탈합치로부터 탈합치할 줄도 알아야 한다. 그 안에 매몰되어서도 안 된다. 또한 이 동자는 (없어진) 손가락을 갑자기 다시 세우려고 했을 때 "홀연 깨달았다."(忽然 領悟, 『무문관』 제3칙) 의식을 "깨우기" 위해서 선은 전방위적으로 탈합치를 실행하게 된다. 이것이야말로 '자각' 능력(아니면 이를 어떻게 명명할 것인가?)을 해방하기 위한, 즉 적합성에 의한 정신의 구축 아래 그러함의 출현을 끊임없이 가리는 정신의 목표에 대한 종속으로부터 의식을 분리시키려는 협주 작업이다. 선의 화두는 모든 언술이 원칙적으로 요청하는 모순율의 논리로부터 기꺼이 탈합치한다. "나는 빈손으로 손에 가래를 쥐고 있다……." 그러나 관건은 (프랑수아 비용의 "나는 샘물 옆에서 죽도록 갈증이 난다."처럼) 압운파[10] 시인들의 언어유희가 아니다. (부정신학否定神學의 전통에서처럼) 상징적 차원이

---

10 15세기와 16세기 초 프랑스(특히 부르고뉴 지방)에서 활약한 주요 시인들을 통틀어 일컫는 말. 대압운파라고도 불리는 이들은 놀라운 언어 재치와 곡예를 보여주었고 시의 효과를 높이기 위해 말장난이나 수수께끼, 글자 맞추기에 의지하는 경우가 많았다.

라고 할 수 있는 다른 차원에 합치를 재확립하는 것도 아니다. 관건은 오히려 표상의 논리를 거스르고 그로부터 탈합치하는 것이다. "내가 다리 위로 지나가는구나, 물이 흐르는 것이 아니라 다리가 흐르는 것이다……." 또는 대화의 논리에서 탈합치하는 것이다. 스승은 질문하는 동자의 요구에 답하는 대신 소매를 흔들거나, 그에게서 등을 돌리거나, 트림을 하거나, 죽비로 그를 한 대 때려준다.

물병을 꺼내며 "이것을 물병이라 불러선 안 된다면 무엇이라고 부를 것인가?"라고 묻는 백장(百丈) 선사의 질문에는, 한 제자가 그렇게 했듯이 대답 대신 물병을 발로 차 넘어뜨리고 나가버리는 것이 낫다.(『무문관』, 제18칙, 제40칙) 더 적합하게 답하고자 하는 것은 끝나지 않을 정당화의 덫에 곧바로 빠지는 일이 될 것이고, 우리로 하여금 **그러함**의 즉각적 포착으로부터 항상 더 멀어진 채 헤매게 할 것이다. 의사소통의 규약, 즉 하버마스가 형식적 관점에서 이성의 보편을 최종 심급으로서 확립하는 토대가 된 규약 자체도 여기서 무산된다. 실제로 이런 규약의 보증은 공상적인 것이 아닌가? 이는 의식의 실감 능력을 그 자체로 마비시킬 정신의 합치적 구성 위에 세워진 **로고스**의 예상에만 조응하는 것이 아닌가? 이 점에서 선이 협주의 방식으로 행하는 탈합치의 시도는 (유럽에서 너무 쉽게 그리 생각하듯이) 논리학과 호기심의 차원에서 신비주의적 여백 안에 분류되는 그 합리성의 거부가 아니다. 왜냐하면 그런 탈합치의 시도는 이처럼 정립된 논리학의 장치를 내적으로 무너뜨림으로써 동시에 **부정(否定)**이 지닌 고유의 가장 일반적인 능력을 드러내기 때문이다. 정립은 자기의 응집력과 보증을 통해 스스로 강화되는바, 탈합치의 시도는 모든 정립된 것이 확정성으로 기우는 것을 정립된 것의 내부 자체에서부터 폭로하는 능력이기 때문이다. 그런데 정확히 부정의 이런 효능이야말로 자신의 실존하는 능력을 재활성화하기 위하여 자기 자신과 탈합치하는 능력, 자기 자신 안에 보존되는 자기 자신으로부터 스스로 **빠져나오게** 하는 능력이 아니겠는가?

6. 어떻게 부정적인 것이 실존을 활성화하는가

부정적인 것을 외부에 있는 존재로 간주하는 편이 가장 쉬운 일일지도 모른다. 만일 어떤 것이 '나'라는 자아를 위협하거나 심지어 파괴하고 '부정'할 수 있다면, 그것은 항상 오직 외부로부터 비롯되었을 것이다. 왜냐하면 나는 내 안에 존속하려는 나의 노력에서 나 자신과 본질적으로 굳게 결속되어 있기 때문이다. 그렇지 않다면 나는 스스로 모순에 빠질 것이다. 외부로부터 나를 공격하는 부정적인 것은 아무런 주저 없이 '악'으로 명명될 어떤 것이다. 이런 악은 우선 질병, 죽음, 고통, 그리고 나의 생존을 위협하는 모든 것이다. 부정적인 것을 적대성에 격리하고 포함시키는 이 고전적인 개념은 스피노자의 개념이기도 하며, 나아가 그의 본질적인 개념이다. 스피노자는 "각 사물은 그 안에 자신의 존재가 있는 만큼 자기 존재에 머물고자 노력한다"(코나투스conatus)는 핵심 개념에 이르기 직전에 선행하는 논리적 요소로서, "어떤 사물도 외부 원인에 의

해서가 아니라면 파괴될 수 없다"(『에티카』, 3부, 정리4)는 명제를 도입한다. 그런데 바로 이 명제가 자기 사유의 확실하지 않은 점이고 따라서 자기 사유의 한계임에도 불구하고, 스피노자는 이를 "그 자체로 명백한" 명제로서 더이상의 논거 없이 도입한다. 이 한계에서 그의 사유는 멈추고 자기가 더이상 의문을 갖지 않는 점에 기대어 있으며 자기에게 포착될 수 없는 것이 무엇인지 의혹하지도 않는다. 이 점에서 스피노자는 자아의 실체론 개념에 의존하고 있다. 자아를 '사물'이라는 자기의 조밀한 상태에 가두고, 조금이라도 자기 자신으로부터 탈착하거나 자아로부터 탈합치할 수 없으며 그 자체로 정의(定義)된 자기 본질을 긍정할 수 있을 뿐 그것을 '부정'할 수 없는 파열 불가능한 일체로 정립하기 때문이다. 그런데 이 경우 부정적인 것은 자아의 외부에 머물고 우리는 그것을 수동적으로 겪을 뿐인 셈이다. 주지하다시피, 외부 자연은 자아보다 극히 강력하지만 (『에티카』, 4부, 정리2~4) 우리는 자연으로 인해 혼란스러워하지 않아도 된다는 것이야말로 지혜에 대한 전통적 교훈이다.

그런데 이런 분할에 만족하지 못하겠다는 것이야말로 근대성의 가장 큰 변천 중 하나(실제로 '근대성'이 있도록 한 변천)다. 즉 이 변천은 부정적인 것을 악의 적대적 모습 아래 외부에 격리함으로써 자신의 적합성과 '존재'라는 조밀한 상태에 머무는 '자아'의 평온한 정립을 내부에 보존하려는 편의성에 만족할 수 없는 데 있다. 그리고 「요한복음」에서 (삶을 간직하려는 자는 삶을 잃을 것이라고) 설파한 것과 같이 자아와 자아의 탈결속을 활용하고 탈결속의 정합성을 철학 가운데 기입한 것은 분명 헤겔의 위대한 공헌이다. 헤겔에게 있어 부정은 내적 '불일치(Ungleichheit)' 또는 자아와 자아와의 차이가 된다. 이런 차이로 인해 자아는 견고한 자아로서 자기 존재 안에 무한정하게 머무는 대신 스스로 "자신의 이방인"이 되면서 자기 자신을 초월하는 쪽으로 간다. 또는 '실체'는 '주체'가 된다(『정신현상학』, 서문 3절). 그리하여 '외부에서 일어나는' 것으로 보이고 자아에 반(反)하여 진행된 활동으로 보이는 것이 자기 고유의 활동에 속하게 될 뿐 아니라, 이 부정적인 것은 결여나 결함이기는커녕 자아를 진전시키는 내적 운동의 '영혼' 또는 원리가 된다. 이처럼 헤겔은 자아를 자신의 부동성 안에 아무 손상 없이 보존하는 대신 자신의 합치 바깥으로 끌어올리고 자신의 내부에서 스스로를 '뛰어넘도록' 강제함으로써, 자아에 대한 이런 내적 균열의 생산력을 드러낸다.

그러나 이처럼 변증법의 거대한 장치를 작동시킨다고 해서 변증법의 틀을 이루는 것, 그리고 지금의 논의와 관련된 한계를 잊어서는 안 된다. 그 출발점에서 변증법의 관점은 (그 자체로 '정신의 즉각적 현존재'로 환원된) 의식의 경험으로서 인식의 유일한 활동이기 때문에, 부정적인 것은 '지식'의 자기 '대상'에 대한 부적합성의 부정으로 간주된다. 따라서 의식은 자신이 저버리는 어떤 진리 형태로부터 다음번 진리 형태로 이행하기 위하여 매번 경험된 부적합성에서 빠져나오도록 인도되는바, 항상 일치성에 따른 진리가 쟁점이 된다. 또한 의식이 매번 자기 자신에게서, 즉 이전에 스스로 천착한 진리 형태에서 지극히 잔혹하게 빠져나와야 하고 그것이 그 진리 형태를 초월하기 위해서라고 해도, 이는 이제 다음번 진리를 저버리기 전에 자신을 맡기고자 하는 새로운 유형의 적합성으로서의 다음번 진리 안에서 곧바로 스스로를 확보하기 위함이다. 이는 의식이 궁극적 적합성과 궁극적 진리에 이를 때까지 계속된다. 내적 탈결속은 잠정적이고, 그 탈결속을 안내하며 결국에는 흡수('화해')를 보장받은 합목적성의 한가운데 끼워넣어진 것이라는 점이 확인되는 것이다. 이런 탈결속은 자신 안에서 자기의 정당성을 찾지 못한다. 즉 자아와의 탈결속이 스스로 구성할, 그리고 **탈합치**가 사유하게 해주는 장점 안에서 자기의 정당성을 찾지 못하는 것이다. 탈합치는 끝도(목적도 종결도) 없는 것으로서 '지양(止揚)'의 보증에 기댈 수도 없다.

헤겔은 이런 전개 과정을 이끄는 내적 부정의 운동이 무엇인지 잘 제시했지만, 그가 제시한바 이 운동은 의식이 자기 지식의 단계마다 도달하는(그리고 그것의 해소로 인해 의식이 지식을 초월하게 되는) 모순인 부적합성에서 비롯한다. 이로부터 헤겔은 고전철학을 지배한 진리-적합성의 위대한 구도에서 벗어나지 않았으며 단지 그것을 생성에 기입했을 뿐이라는 점이 도출된다. 진리는 자기의 모든 여정의 최종 통합과 다르지 않으니 말이다. 그런데 탈합치 개념이 드러내는 것은 이 구도의 노골적인 정반대 입장이다. 왜냐하면 탈합치 개념이 이 내적 운동의 출발점에서 부정적인 것으로 지각되는 것은 여전히 헤겔의 개념인 진리의 전통적 개념에서처럼 **부적합성이 아니라**, 오히려 적합성이 합치와 충족을 갖는다는 점에서 **적합성 자체**이기 때문이다. 달리 말하면 탈합치 개념은 선행 적합성 자체, 그리고 적합성과 조정이 존재한다는 사실 자체에서 필연적으로 탈적합성과 탈결속의 운동이 귀결된다는 점을 밝혀주기 때문이다. 즉, 해체되지 않으면 포화되고 충족되고 안착되고 고정되어 무기력에 이르는 적합성이 스스로 해체되는 지점에서 탈적합성과 탈결속의 운동이 귀결한다. 따라서 이 부정적인 것의 적극적 내용, 달리 말하자면 이 모든 과정이 그 자체로 재가동되게 하는 **부정의 능동적 작용(nég-actif)**을 드러내는 것뿐 아니라, 탈합치가 해체하는 적합성이 **자기 확정성 자체의 사태로 인해** 실효적이고 부정적으로 드러난다는 점에서 탈합치가 적극적이라는 점을 나타나게 하는 것도 탈합치에 속하는 일이다.

따라서 탈합치는 이런 반전의 결정적이지만 외형적이지는 않은 점, 그 전환이 눈에 띄지 않는 만큼 더욱 효력이 있는 점으로 우리를 인도한다. 즉 (이탈과 내적 탈결속의) 부정성이 해체하는 확정성이 (적합성-조정으로서) 은미하게 부정적인 것이 된다는 사실 자체로 인해 부정성이 적극적인 것이 되는 점으로 우리를 안내한다. 따라서 탈합치는 정립의 (부정적) 확정성을 드러낸다는 점에서 밝혀주는 바가 있다. 또는 어떤 점에서 정립을 확정하는 특성으로 인정된 한에서 **확정성**이야말로 진정 부정적인 것이라는 점을 밝혀준다. 즉 무엇이 되었든지 간에 정립하는 것이 자기 자신과 당연히 일치하고 자아와 결속되며, 달리 말해 자아와 **적합하게 합치**하고 그리하여 고정되고 충족되는 확정성에 **빠져버린다**는 사실은 필연적으로(숙명적으로) 부정적인 것으로 전도된다. '확정성'은 이처럼 일체의 정립에 연루된 부정적인 것을 불러낸다. 그런데 이는 결함 때문이 아니라, 정확히 그것이 정립이고 더이상 동요되지 않는 규범성으로서 부과되며 생산력이 없고 더이상 가동하지 않기 때문이다.

그런데 탈합치가 해체하는 것이 바로 합치와 적합성의 확정성이다. 바로 이런 점에 탈합치는 자신의 힘을 빚지고 있다. 이 점에서 탈합치는 구원의 길을 연다고 말할 수 있을 것이다. 이는 경험의 가장 가까이에서 실존적 양상으로 한껏 확인된다. 주지하듯이 **실존한다(Ex-ister)**는 것은 근원적으로 '바깥에 서다'라는 것을 의미하는바, 이를 더 정확히 정의하자면 정립의 확정성 '바깥에 서는 것'에 성공하는 일이 될 것이다. 왜냐하면 모든 적합성과 조정은 제정됨과 동시에 정착되고, 정착되면서 자기 일치성 안에 폐색되며 충족되고 또한 합치하게 되어 합치가 지닌 한정과 포화를 통해 (그 안에서) 쓸모없어지기 때문이다. 오직 탈합치만이 자아를 자신과의 합치에서 탈결속시킴으로써, 그 반대의 경우 무기력의 운명을 받아들여야 할 자아를 구제할 수 있다. 자신의 세계와 마찬가지로 자기 자신과 합치하는 주체의 삶은 자기 삶의 순응적 진행을 따르면서 자기 삶이 매몰되도록 한다. 일단 안착되고 결혼에 이른 커플의 삶도 그렇다. 역사('기성 종교')도 마찬가지다. 또는 엔트로피가 무활성에 다름 아닌 최대 엔트로피 상태를 향해서 자기의 '주(主, positive)'엔트로피를 발전시키는 모든 고립계를 이끄는 진화 과정이 맞다면, 탈합치의 부정적인 것(그러나 실효적으로는 적극적인 것)은 '부(負)엔트로피'적이다. 또는 확정성이 되는 정립의 부정적인 것이 '항상성'을 가리킨다면, 탈합치는 모든 정립을 통해 (정립 안에) 내포된 이런 안정성을 해체하는 것이고 탈합치만이 미래를 열어놓을 수 있다는 결론이 나올 것이다.

따라서 탈합치 개념은 어떻게 부정적인 것이 엄밀히 내재적인 방식으로 **활성적**인지를 보여주되 그렇다고 해서 (너무 안일하게, 즉 변증법적으로) **지양**을 산출하고자 하지도 않는다. 왜냐하면 탈합치 개념에서 부정적인 것은 선행 질서가 오류로 드러날 것이라는 점이 아니라 선행 질서가 완료-포화에 도달했다는 점에서 이 질서로부터 비롯하기 때문이다. 즉, 이와 완전히 반대로 선행 질서가 이제 온전히 적합하고 조정된 채 드러나지만 오직 합치할 뿐인바 스스로 죽어버린다는 점에서, 이 질서로부터 부정적인 것이 비롯하는 것이다. 왜냐하면 고정 장치가 된 상태를 풀 수 있는 유일한 것은 틈을 벌리는 일이므로, 분란을 도입하는 틈이 필연적으로 나타나기 시작하는 것은 바로 이런 합치 자체와 거기서 귀결되는 응집으로부터이기 때문이다. 이 합치와 응집은 완성된 것인바, 더이상 작동하도록 하지 않고 가동을 위한 결여의 여지를 남겨두지 않으며 그 자체로 확정성 속에 안주하는 것이니 말이다. 또는 이런 실재는 스스로 확증되고(격리되고) 스스로를 따름으로써 퇴색될 수 있을 뿐이다. 탈합치의 (적극적인 것으로 나타나는) 부정적인 것은 합치의 (부정적인 것으로 드러나는) 확정성을 통해 분비된다. 합치에는 결국 진열되고 부과됨으로써 스스로 해체되기 시작하는 것 외에 다른 장래가 없기 때문이다. 그러나 탈합치는 선행 합치를 해체함으로써 이전의 모순을 '지양하는' 적합성을 확립할 어떤 새로운 합치가 이어져 나올 것인지 미리 가정하지 않는다. 헤겔의 변증법을 특징짓는 것과 달리 탈합치는 진리의 새로운 형태를 부동 상태로 내포하지 않는다. 탈합치에서는 선택적 진화가 산출되지만, 그렇다고 해서 나타날 적응이 무엇인지는 투영되지 않는다. 그런 것이 하나라도 있기는 하겠는가?

이런 점에서 탈합치는 탐험이다. 탈합치는 우발적인 것, 창조적인 것, 미리 예견되거나 내포되지 않은 것, 개시될 수도 있고 불발될 수도 있는 것을 향해 열려 있다. 이런 점에서 탈합치는 자유를 열어놓고 **실존**을 향해 열린다. 왜냐하면 그 어떤 끝도 목적도 종결도 예상치 못하게 하고 오히려 이탈을 통해 무한정하게 새로운 펼침을 가동함으로써(절대지식의 그 어떤 정지도 예견되지 않는다) 실제로 탈합치의 이런 **실존적** 과정, 즉 본질의 **실체적** 차원과 정반대로 맞서는 과정은 새로운 가능성을 열어놓기 위하여 새로운 자원들을 요청하면서 그야말로 활성적인 것이기 때문이다. 그러나 이 새로운 자원들은 우발적으로 나타나는 것이지 미리 이해되어 포함된 것이 아니다. 따라서 결코 이런 과정의 진전이 보증되는 것이 아니며, 나아가 그 진전이 진보라고 보증되는 것은 더더욱 아니다. 이 과정은 그런 진보에 대하여 이전과 이후를 비교하게 해줄 직선적 방향성이 없으며 따라서 동일한 가치의 준거가 적용될 수도 없다. 이 실존적 과정이 자기 합치 속에서 고갈된 선행 형태와의 탈결속을 통해 새로운 가능성을 열어놓는다고 해도, 이 과정은 무엇인가를 활성화할 뿐 아무것도 보장하지 않는다. 이 과정이 무언가를 보장할 수 없다는 점은 그것을 실존의 요청에 따라 규정짓는 것이다. 생명의 기원에서부터의 진화와 예술의 역사는, 활성화라고 해도 **반드시 진보라고 할 수는 없을 이런 활성화**가 항상 위험을 무릅쓰는 것이며 창조해내야 하는 것임을 상기하게 해준다. 예술의 역사와 관련하여 우리는 그것이 예술 발전의 필연성을 오직 회고적이고 공상적인 방식으로만 나타나게 한다는 것을 알고 있다. 그리고 오늘날까지 생명의 진화도, 예술의 역사도 결코 탈합치했다는 이유로 중단된 적이 없고 세상에서 사라진 적도 없다.

사실 우리는 어떤 철학을 그것이 부정적인 것을 생각하는 방식에 따라 거의 전체적으로 인식하게 된다. 해당 철학자가 부정적인 것의 개념을 주제화하지 않을 경우, 비록 이 개념이 함축적인 채로 존재하고 그가 '부정적인 것'에 관해 거의 말하지 않았다고 해도, 그것은 이 철학의 유효한 핵심이며 모든 것이 이 핵심을 중심으로 이루어진다. 우리 각자와 관련해서도 마찬가지다. 네가 부정적인 것에 대해 어떤 형태를 제시할 것인지 말해보라, 그러면 나는 네가 어떤 방식으로 생각하는지를 말해주겠다. 왜냐하면 바로 이로부터 사유에서의 모든 분리가 시작되기 때문이다. 네가 어떤 방식으로 생각하는지뿐만 아니라 어떤 방식으로 사는지, 네가 그것을 알고 있든 모르든 간에 실존에 대한 너의 선택들을 말해주겠다. 왜냐하면 우리가 관습적인 방식으로 단지 외적인 존재라고 여겨지는 것을 부정적인 것으로 설정한다면, '재난(전쟁, 질병, 죽음 등)'이 관건이든 도덕적 악이 관건이든 간에 우리가 부정적인 것을 악으로 간주한다면, 이 경우 부정적인 것을 배제하는 것이 적합할 터이기 때문이다. 이런 악은 스캔들이나 불가사의가 된다. 왜냐하면 그것은 사물들에 대한 어떤 근거에도 포함되지 않으며 그것으로부터 벗어나고자 하기 때문이다. 이런 것이 구원의 담론이다. 즉 악에 대립하는 선의 투쟁 서사이자 영혼(또는 이 내면성의 개인적 원리를 무엇으로 부르든 간에)이 개입된 대서사로서 조직되는 탁월하게 극적인 담론인 것이다. 그리고 그 발현의 역사적 양상이 어떻게 되든 간에, 종교는 이 같은 대립의 특권적 영역이다.

한편 우리는 이처럼 '악'이라 불리는 것을 배척함으로써 반대로 그것을 사물들의 질서에 통합하기도 한다. 즉 악이 어떤 방식으로 우리가 선이라 단정하는 것과 실제로 협력하며 그런 선의 가능 조건인지가 파악될 것이다. 이로부터 **부정적인 것**에 대한 사유가 시작된다. 실제로 양자는 함께 가동하며 따라서 그중 하나 없이 다른 하나를 취할 수 없음이 이해될 것이다. 질병 없이 건강을 알 수 없고 죽음 없이는 삶이 무엇인지 알 수 없다. 또는 도덕적 차원에서 볼 때 우리는 잘못하는 능력 없이 잘하기를 바랄 수 없고 자유를 활성화할 수 없는 것이다. 헛된 것은 하나도 없으며 모든 악행은 그 이면에 간파해내야 하는 선행을 담고 있다. (우리가 침대에서 너무 오래 자는 것을 막는) 빈대의 올바른 사용법을 제시하려고 노력해야 할 것이다. 이 점에서 뱀 또한 유용하고, 바다에 비가 내리는 데도 이유가 있는 것이다. 이런 것이 신의 창조에 대해 신을 정당화하고 헤겔이 역사에 적용하는 것이 좋다고 본 변신론의 고갈되지 않는 담론이다. 따라서 우리는 우리와 어긋나는 것에 저항하고 그것을 배제하고자 하는 대신 그것을 세계의 '구조'에 포함시키려고 한다. 영혼 및 주체의 개별적 운명을 출현하게 하는 대신 그 전체성 속에서 파악된 위대한 우주적 운행을 강조하려 한다. 행위자나 그가 수동적으로 감내하는 것의 범주를 특권화하는 대신 사물들의 운행에 있어 보편적인 전체 가동을 강조하고 극적인 **서사**의 자리에, 그리고 그것을 대신하여 '조화'를 세

부적으로 설명하는 **묘사**에 착수하려는 것이다. 성자의 인물상을 기념하는 대신 현자의 인물상이 찬양될 것이다(한쪽 극단은 마니교로 표상되고 다른 쪽 극단은 스토아주의로 표상된다). 플라톤 이후의 모든 고전철학시대 내내 사유한다는 것은 이와 같은 대립 가운데의 어딘가로 초점을 이동시키는 데 있었다.

그런데 이 점에 대해 근대성이 다시금 도입하는 것은, 이는 근대성이 '자아'나 (아우구스티누스에서 데카르트에 이르기까지) 주체의 사유 전개 과정을 활용했기 때문인데, 부정적인 것이 적극적인 것으로 드러난다면 그것은 부정적인 것이 자기의 기능 및 정당성을 충분히 발견할 세계로의 **통합**에 의해서가 아니라는 점이다. 이 경우 부정적인 것은 아직 **주체 외적**인 것이기 때문이다. 즉, 이는 부정적인 것이 전체 질서에 기여하고 사물들의 위대한 구조에 속하기 때문이 아니다. 만약 그렇다면 여전히 지혜에 대한 전통적 양상에 머물 것이다. 오히려 이는 진정으로 내적인 통합, 달리 말해 이 경우 **자아 내부**로의 통합 때문이다. 이런 부정적인 것이야말로 모든 '자아' 내부에서 작동함으로써 **능동적인 부정적인 것**이 되면서 자아를 스스로에게서 탈결속시켜 발전으로 이끈다. 이런 것이 바로 헤겔이 생각한 실질적으로 내적인 부정적인 것이다. 그러나 헤겔은 이 과정에서 진리 및 그 적합성의 전통적 틀에 머물렀다. 달리 말해 그의 생각에 따르면 이 내적인 부정적인 것, 즉 '동력이 되는' 부정적인 것은 자아 내부에서의 부적합성에 부정적인 것이며 그런 모순은 지양되어야 하는바, 진리와 마찬가지로 역사의 진보로 인도되는 것이다.

그런데 이제 더 상세하게, 즉 더 내적인 방식으로 의혹을 더욱 상류에 적용함으로써 탈합치를 근원적이게 하는 출발점의 부적합성이 무엇인지 분석하는 일이 남았다. 헤겔의 자아와 그 대상 사이처럼 한층 상대적인 방식이 아니라, 이런 부적합성이 **적합성의 내부 자체**에 있는 것은 아닌지 근본적으로 자문할 일이 남은 것이다. 즉 **적합성 자체가 이미 부적합성이 아닌지** 자문해야 한다. 정립 그 자체가 적극적인 것으로 제정됨으로써 자기의 확정성으로 인해 부정적인 것으로 드러난다는 사실만으로, 정립이 그 자체로 자기 자신과 모순 관계에 들어가는 것은 아닌지 자문해야 하는 것이다. 그 결과 이는 진보에 대해 헤겔의 이데올로기가 보여준 의심스러운 것(강압적인 것)과 마찬가지로 우리를 진리의 한정적인 틀에서 벗어나게 한다. 그런데 바로 이런 것이 탈합치를 결정적으로 사유하게 하는 것이다. 탈합치는 존재의 사유, 따라서 적합성-진리의 사유로부터 스스로와 탈합치하는 삶의 사유로 이행하게 하며 이를 통해 개시, 가동, 창조를 가능케 한다. 또는 논리적 언어로 말하자면, 그러나 동시에 논리 자체로부터 탈착하는 삶의 도약에 논리를 대신하는 자리를 내주기 위하여 논리를 위배하면서 말하자면, 탈합치는 적합성의 부정적인 것이 어떤 방식으로 적합성을 적합성 자체로부터 탈결속시키는지, 또는 정립을 그 확정성으로부터 탈결속시킴으로써 실존을 활성화하는 것이 무엇인지를 밝혀준다. 이로부터 윤리의 원리 자체에 탈합치가 있다는 점이 도출된다.

7. 탈합치의 윤리를 위하여

산다는 것 자체가 이미 탈합치하는 것이라면, **실존한다는 것**은 이 탈합치를 요청으로서 활성화하는 것이다. 탈합치한다는 것은 실제로 적합성과 선행 조정에 대하여 탈합치가 전제하는 불만족과 이탈을 통해 그 자체로 활성적이다. 이는 생명의 진화와 관련해서 이미 확인된다. 그런데 자연에 대해 열린 이 중대한 탈합치에 있어서, 장차 '인간'이 되는 것 안에서 실질적 '실존'으로 활성화되는 것은 바로 자아와 마찬가지로 자기의 세계와 탈합치하는 능력이다. '인간'은 단지 살기만 하는 것이 아니라 **실존하면서** 살 수 있고, '인간만이 실존한다'. 따라서 **실존한다는 것**은 자아와 세계에 대한 탈합치의 능력을 윤리적 가치로서 활성화하는 것이지만, 그렇다고 해서 이 윤리적 가치가 금욕은 아니다. 이 점에서 한편으로 실존의 능력은 삶에서 작동하는 능력 자체의 연장이다. 또한 윤리는 더이상 외부로부터 명령되어 강제로 삶에 부과된 것이 아니다. 윤리는 도덕주의의 안이함을 경계한다. 그러나 이런 점에서 또한 실존한다는 것은 삶의 자연성과 탈합치함으로써 삶의 수준에서 기초적인 조건에 불과한 것을 인간적인 것의 사명으로 건립할 수 있고, 이에 따라 도덕주의와 마찬가지로 그 반대인 생명론에의 모든 경도와 분리된다. 왜냐하면 한편으로 도덕은 삶의 능력과 단절되어서는 안 되며, 따라서 삶의 능력에 도덕이 강요되어서도 안 되기 때문이다. 이 경우 도덕의 자의성을 정당화할 수가 없다. 그리고 '덕'이라는 것 자체가 모호함이 없지 않은바, 이런 작위는 이상의 외형하에 숙명적으로 의심스러운 것이 된다. 그러나 산다는 것은 그 자체로 윤리적이라 하기엔 너무 즉각적이다. 왜냐하면 우리는 삶을 선택한 적도 없고 삶에서 물러섬도 없이 곧바로 그 안에 연루되어버렸기 때문이다. 명령으로 성립된 "삶을 삽시다(또는 '산다는 것을 잊지 마Memento vivere')"처럼 하루종일 격려 차원에서 반복할 수 있을 뿐인 유명한 문구에도 불구하고, 우리는 이 '산다는 것'을 목표로 설정할 수가 없다. 우리는 태어날 때부터 언제나 삶에 잡혀 있기 때문이다. 산다는 것이 우리에게 **주어진바**, 우리는 산다는 것을 목적으로 설정할 수 없고 따라서 갈망의 대상으로 삼을 수도 없다.

그렇다면 '실존한다'는 것은 무엇을 의미하는가? 우리는 '실존한다'는 것이 신학적 라틴어의 의미대로 '바깥에 서다(ex-sistere)'라는 것을 알고 있다. 그러나 이것이 단순한 가능성으로서 인간이 원래 신의 정신 속에 포함되어 있다가 세계에 나오는 피조물로 신의 바깥에 던져진 것처럼 신 '바깥에' 서는 것이 아니라면, 도대체 무엇'의 바깥'일 것인가? 나는 한 걸음 더 나아가서 합치의 바깥이라고 말하겠다. **합치의 바깥**, 그리고 적합성에 의해 **한 세계 안에 적응되고** 정립의 확정성을 이루는 것 안에 갇히는 것의 바깥이라고 말하겠다. 달리 말하면 실존한다는 것은 통상적으로 삶이 유지되는 적응에 따라 진화에 갇히는 일 바깥에 설 수 있을 정도로 삶의 현상에 고유한 탈합치를 활성화하는 것이다. 즉, 자기 환경에서 벗어나지 않는 다른 모든 생명체들이 그리하듯이 스스로를 자신의 환경에 한정함으로써 생명 유지에 필수적인 세계 안에 머무는 데 그치지 않는 것이다. 사람들이 즐겨 말하듯이 '오직 인간만이 실존한다면' **인간**이 된 것, 즉 세계와의 벌어진 탈합치를 통해 인간으로서 활성화된 것만이 세계에 대한 귀속의 바깥에 설 수 있기 때문이다. 오직 인간만이 그런 귀속의 한계를 초월할 수 있고 자신의 적응에서, 또는 적응에 기여할 뿐인 선택적 진화에서조차 살지 않을 수 있다. **그러나** 이 경우 인간은 선택적 진화 능력을 점점 더 의식적으로 이 능력 자체를 위해 활성화할 수 있다. 생명의 진화 현상이 내포하고 있듯이, 단지 새로운 적응을 위해서가 아니라 선택적 진화를 통한 탈합치 능력은 그 자체로 **활성화**이기 때문이다. 그리고 이렇게 (바깥에) **서는 것**이야말로 그것이 의미하는 결단과 책임으로 인해 윤리적이다.

이로부터 인간에게 주체로서 자신의 자유, 즉 그를 **주체**로서 활성화하는 결정권에 대한 자신의 자유가 도래한다. 왜냐하면 인간의 자유는 그가 "신의 형상에 따라", 결과적으로 신의 최상의 의지로부터 구상되었을 것이라는 이유로 그를 나머지 피조물들에서 제외하는 신적 구도에 따라 즉각 부여된 것이 아니기 때문이다. 그렇다고 해서 자유는 거꾸로 신이 죽었다는 말 이후로 인간을 자기 자신과 자기 귀책에 내맡김으로써 '실존주의적' 방식으로 극적인 고독에서 비롯하는 것도 아니다. 인간의 자유는 한편으로 자연법칙에 고유한 필연성, 그리고 다른 한편으로 정신에 선험적으로 주어진 자율성이라는 이원론의 편의성을 다시 가동함으로써 형이상학이 가정한 것처럼 원리적으로 그에게 부여된 것도 아니다. 오히려 **실질적인 자유**는 주체의 자유다. 즉 주체는 '세계' 안에서 적합성과 적응을 이루는 폐쇄와 통합에서 자신에게 균열을 낸다는 사실로부터 (그렇게 균열을 내는 만큼) 자신을 긍정함으로써, 즉 선택적 진화를 통해 이 세계로부터 탈합치하는 만큼 실효적으로 이 세계에서의 적응 **바깥에** 주체적으로 설 수 있는 주체의 자유인 것이다. 이와 같이 주체는 더이상 불투명한 규정을 수동적으로 따르지 않음으로써 이 세계 한가운데에서 세계 바깥에 설 여백을 열어놓고, 따라서 자기의 결정권을 활성화할 수 있으며 그야말로 '실존'할 수 있다. 그러므로 이는 법령처럼 선언된 자유도, 주체에게 허용된 자유도 아니다. 오히려 세계와 탈합치하며 생기는 틈에서 점차 쟁취된, 즉 주체를 '인간'으로 활성화한 진화와 병

행하고 그가 **실존적으로** 가동시켜야 할 자유인 것이다.

시초에 관한 서사인 최초의 서사, 즉 창조에 관한 성서의 서사는 다시 언급하건대 이런 점을 잘 드러낸다. 이는 설사 그 서사가 이런 점을 구상하지는 않았다 해도 사유하고자 노력했을 사안임이 분명하다. 왜냐하면 지상낙원이 대합치의 장소 및 시간과 다르지 않다면 인간은 거기서 신과 함께 그리고 자기 세계 안에서 충만하게 살겠지만 '실존'하지는 않을 것이기에, 이제 우리는 인간이 벗어나야 할 것으로 인지한 필연성이 어디로부터 비롯하는지를 더 잘 파악하게 된다. 이 필연성은 모든 것이 정립되어 적합성에 있고 조정되어 있는 에덴으로부터 자신의 부정적인 것을 불러오는 확정성이 필연적으로 비롯된다는 사실에 기인한다. 그리고 이 부정적인 것은 (유혹하는 뱀 같은) 악의 외적 형태하에 꾸며진 것으로서 지상낙원에 균열을 일으키고 결과적으로 그것과 탈합치하게 된다. 즉 낙원의 정립 전체가 자신의 적합성에 안착하고 자신과 합치함으로써 그 확정성 자체로 인해 은미하게 부정적인 것이 된다. 따라서 이런 정립이 스스로를 구제하려면 오직 (아우구스티누스의 '**결함의 방식**'처럼) 부정적이고 결함 있는 의지가 실효적으로 적극적이고 생산력이 있거나 '동력'으로서 내포하는 것을 통해서만 가능하다. 이런 부정적이고 결함 있는 의지는 자기 자신 안에 함몰되는 정립의 질서와 어긋나며 거기서 출구를 열어젖히는 주체의 결정권을 출현하게 하기 때문이다. 게다가 다른 가능한 출구(구원)가 있기나 하겠는가? 실제로 이런 탈합치로부터 (자기들이 "발가벗고 있음을 자각하는") 의식의 시작이 도래한다. 그리하여 이 적합하고 조정된 질서에서 쫓겨나 추방으로 정죄된 이 최초의 선조는 이 세계 **바깥에 설** 수밖에 없다. 그들은 '실존'으로 끌어올려지는 것이다. 왜냐하면 이 같은 신의 질서와의 탈합치는 균열 속에 자유를 드러나게 했고, 이 자유의 결과로 그들은 스스로 원하고 선택하며 자신을 규정하게 되었기 때문이다. 이제 그들은 역사에 정향되고 결국 이 역사의 주체로서 활성화된다.

따라서 지구 생명체의 진화에서 '인간'으로 활성화된 점에서 인정받고 자율성을 얻은 탈합치의 논리로부터 이른바 '인간의 고유성', 달리 말해 인간의 '조건'을 이루는 모순 역시 논리적으로 귀결된다. 왜냐하면 인간은 한편 그 기원에서부터 변형되어온 모습 그대로 전적으로 삶의 현상에서 비롯되며 전적으로 세계에 속하기 때문이다. 인간은 완전히 다른 어딘가에서 오지 않으며 최초의 예외가 인정될 수도 없다. 경험과 자의적으로 단절함으로써 다른 세계를 가정해야 할 여지도 없다. 인간은 엄격히 세계에 내재한다. 즉 '내재'의 고유한 의미에서 세계 '안에 머문다(immanens)'. 그러나 다른 한편으로, 이미 삶의 진화에서 작동중인 선택적 진화에 의한 탈합치는 속(屬)의 차원에서 **인간**으로의 활성화에 이르렀다. 그리하여 인간은 세계에 전적으로 속하고 오직 세계에만 속하면서도 이 세계에 틈을 벌릴 수 있고 세계의 폐쇄와 통합에 균열을 낼 수 있다. 그리고 이 탈합치를 조건으로서, 윤리의 조건으로서 내세움으로써 세계의 조정 바깥에 설 수 있고 이 세계의 규정에서 벗어나는 자유를 긍정할 수 있으며 진정으로 '실존'할 수 있다. 인간은 **내재적 실존자**인 것이다. 인간은 전통적으로 철학을 분열시킨 입장들에 따라 안일하게 각자의 입장을 희생시키면 안 되는 대립물들의 긴장 속에 전개되고 활성화된다. ('유심론적' 초월성의 입장에서 볼 때) 자기 안에 머무는 삶의 **철저한 내재성**도 아니고 ('유물론적' 환원에 의거하면) 그가 드러내는 **실존 능력**도 아닌 것이다. 왜냐하면 인간은 생명체의 진화에 단순히 속하는 것이 아니라 오히려 분란을 통해 별도로 활성화되기 때문이다. 인간은 절대적으로 다른 질서(언어-사유-예술)의 새로운 가능성을 열어젖히며, 오직 이 세계 안의 폐쇄와 통합의 가운데서 무한의 차원을 부각하기 때문이다.

또한 '실존'을 활성화하는 이런 **요청**은 바로 윤리의 출발점에 있다. 이는 추상적이거나 철저히 이론적인 방식이 아니라 가장 일상적인 단계에서 매일 새롭게 시작되는 나날, 우리가 감행하는(또는 감행하지 않는) 각각의 새로운 선택, 그리고 우리가 그 요청을 실질적으로 묘사할 수 있는 모습 그대로의 방식이다. 미덕과 가치 다양성의 상류에서, 이 요청은 내 삶을 자기 세계에 한정되도록 두지 않고 오히려 '저 너머로' 끌어올리며 위태롭게 하는 내 능력의 원리에 있다. **그러나** 이 '저 너머'

가 '다른 세계'의 피안은 아니다. 이런 점에서 **실존하면서** 산다는 것, 즉 탈합치한다는 것은 우선 자기 자신의 **흡착**에 잡혀 있지 않는 데 있다. 다시 말해 우리를 세계에 붙어 있게 하고 우리의 집착, 투입, 만족 자체에 내재한 흡착에 잡혀 있지 않는 데 있다. 이는 무엇보다도 삶 자체에 대한 우리의 흡착이다. 소크라테스는 삶의 마지막날에 "삶에 들러붙어(glichomenos tou zên)" 있지 말라고 권고한다. 우리는 가장 근원적인 것으로 간주된 집착, 자기의 존재를 '고수하려는' 집착 자체로부터 탈합치할 수 없는가? **실존하면서** 산다는 것은, 체험과 밀착된 가장 가까운 **지점**에서 묘사한다면, 각각의 존재와 사물이 자신의 삶에 자리를 잡고 안착하듯 자신의 삶이 흡착을 통해 현존재 안에 고정되고 함몰되도록 놔두지 않는 것이다. 삶이 함몰되는 '평탄함'은 (프루스트조차 그랬지만) 사람들이 일반적으로 규탄한 것처럼 단지 '습관'의 평탄함이 아니다. 오히려 그것은 더 근원적으로 (단순히 심리적 차원이 아닌 형이상학적 차원에서) 우리 주위의 각 존재나 사물이 적합성과 조정의 관계에 함몰되어 더이상 드러나지 않고 나타나지 않는 데서 비롯한다. 따라서 **탈착**과 **탈-정체(停滯)**는 삶이 자기 세계에 갇히는 데서 벗어나게 하려고 탈합치를 요청하는 만큼의 윤리적 전략이다. 즉 삶의 규범성이 분비하는 확정성에서 삶을 씻어내고 삶의 관성에서 삶을 벗어나게 하며, 도약의 위태로운 모습대로 삶을 자신의 **도약**에 내맡기기 위한 윤리적 전략인 것이다.

따라서 탈합치의 논리는 윤리의 원리에 있는바, 자기 자신에 대한 관계와 마찬가지로 타자와의 관계로부터 이해된다. 자신과의 관계에서 자신과 탈합치한다는 것은 흔히 말하는 '성격'을 이루는 것에 안주하여 '자아'의 침전에 이르는 적합성-조정의 관계로부터 탈합치하는 일이 될 것이다. 이 '자아', (더이상 윤리적이지 않은) '빈약한' 자아, 자아를 이루는 이 나로 환원되기는커녕, **실존하는 주체**의 사명은 자기 자신과 마찬가지로 자기 세계에 갇혀 있고 자신과 '동일하게' 된 자아의 구습에서 더이상 벗어나지 않는 이 자아에 대하여 자기 결정권을 되찾는 데 있다. 유감스럽게도 이제 우리는 자아와 일치하는 이런 자아가 어떻게 될지를 알고 모든 면에서 예상할 수 있다. 다시 말해 자아 바깥으로의 어떠한 '돌출'도 불가능하고 오히려 되풀이만을 할 수 있을 뿐이다. 도덕적 '악'이나 '불의'로 불리는 것은 사실상 고정된 일치를 통해 자아가 더이상 자신이 되어버린 것으로부터 탈착하지 않으며 오히려 다른 것을 시도할 수 없을 지경으로 그것에 갇혀버리고 함몰된 데서 비롯될 뿐이다. 이렇게 닫혀버려서 더이상 아무 틈도 주지 않는 내적이고 '규범화된' 합치에 따라 우리는 심지어 수용소 간수의 통상적 잔학성까지도 이해할 수 있게 된다. 이와 반대로 자기 자신을 '떠나고' 자기 자신과 탈결속하며 우리가 자신과 유지하고 그 안에서 안락하게 안주하는 합치에 손상을 가하여 결과적으로 자신에 대한 끊임없는 변형 속에서 자신을 유지하는 것이야말로 내 생각에는 주체의 **활성화**를 위한 유일한 조건이다. 그리고 이는 사유의 삶에도 똑같이 해당된다. 자신이 사유하는 방식, 자신의 사유가 그 자체와 일치하고 그 안에서 안심하는 방식에서 탈합치하고자 하는 것은 자신의 사유를 기민하게 하고 무기력 없이 능동적으로 유지하는 유일한 방식이다.

　타자와의 관계에서 탈합치의 윤리야말로 타자를 존중하는 방식, 즉 그를 우리 자신에게 이화(異化)시키는 대신 타자로서 유지하는 유일한 방식이 아니겠는가? 그 유명한 합치, 즉 사랑에 있어서 우리가 그토록 신뢰하는 합치는 소설가들이 즐겨 분석하듯이 이미 너무도 자주 안락한 공상이라는 것이 사실이다. 프루스트는 "사실의 달력이 감정의 달력과 합치하는 것을 매우 자주 가로막는 이 시간착오"를 말한다. 나아가 "성관계는 없다"라는 라캉의 자극적 문구를 이해할 수 있는 것도 이런 방식이 아닌가? 성적(性的)인 것이라 말해지는 관계에서도, 아니 오히려 특히 성관계에서야말로 파트너들은 실질적으로 '합치'하지 않는다. 합치 자체는 존재하지 않으며, 특히 '삽입'이라 불리는 것에서도 합치는 존재하지 않는다. 라캉의 주장에 따르면 남자는 자기의 성기만을 즐길 뿐이고 여자는 거기에 '온전히' 있지 않기 때문이다. "이로부터 우리는 '더'만을 요구할 수 있을 뿐이다."(『더』[11]) 또한 탈합치가 두 사람이 함께하는 삶의

11　자크 라캉의 1972~1973년 세미나 『더(Encore)』.

윤리적 원리로 승격된다면, 이는 단지 몽테뉴가 말한 것처럼 커플의 건강을 위해 상대방에 대한 습관에서 벗어나고 그에 대한 익숙함을 끊고 "서로 떠나며 혼란하게 다시 합쳐야" 하는 것만이 아니다. 이는 심리적 차원에 머물고 그 원리에 있어 실존의 형이상학적 차원을 놓치는 과도한 단견이다. 이 경우 **형이상학적 차원**은 **형이상학 자체**가 존재 가운데 대합치를 재확립함으로써 자신의 운명 속에 있었던 모습과 구분되어야 한다. 왜냐하면 형이상학 자체는 '다른 세계'로 다시 초점을 맞추고 몰아갔으며 이 다른 세계에서 실존에 고유한, 즉 탈합치가 돌출하게 한 '바깥에 서기'의 다른 곳 또는 바깥을 분리시켰고, 그것을 모종의 피안에 설정함으로써 상실시켰기 때문이다.

그렇다, 주체를 자아와 자아 자신의 적합성에서 해방시키는 타자가 가져오는 바깥을 보존해야 한다. 그러지 않으면 자아는 이 적합성 안에 갇힌다. 주체는 **타자에 의해** 자아 **바깥에 서게** 된다. 나는 내 안에 매몰되는 격리로부터 탈합치하기 위해 타자가 필요하다. 이는 타자와의 관계가 부차적인 것이 아니라 오히려 윤리의 출발점에 있고 윤리의 조건과 같은 것이기 때문이다. 또한 윤리가 규칙이나 명령으로 인해 불편해져서는 안 되고 오히려 탈합치의 다음과 같은 요청에서 유지되기 때문이다. 윤리는 타자와의 관계에서 자아로부터, 달리 말해 자아의 타자에 대한(타자의 자아에 대한) 적합성과 조정으로부터 탈합치해야 하고, 자아가 안락해지고 더이상 타자를 **만날** 수 없게 되는 타자에 대한 적합성 및 조정과 단절할 줄 알며, 바꿔 말하면 '타자'로서의 타자에 접근해야 한다는 점에서 유지된다. 타자에 대한 적합성과 조정은 '관계'로 설정되고 규범화되는 것의 (부정적으로 드러나는) 확정성을 말한다. 그런데 **관계**는 더이상 쇄신되지 않는 만남이고 자기의 '현존재' 안에 정착되며, 이 점에서 만남은 상실된다. 즉, 자아를 자신에 대한 적합성에서 벗어나게 하고 자기 자신에 대한 매몰에서 자아를 구제함으로써 타자가 가져온 바깥이 비극적으로 사라지는 것이다. (연인들의 삶에서 '세계'와 같은) 세계를 이루는 종결과 통합 속에 무한의 차원을 열어놓음으로써, 타자가 계속 타자로서 출현하는 만남은 이제 불가능해지는 것이다.

합치는 그것이 설립되고 자기 안에 안정되는 그 순간 고갈되기 때문에, 합치는 자기 조정 속에서 계속 진열됨으로써 미래를 다시 열고자 필연적으로 탈합치의 부정적인 것을 불러오는 적합성의 확정성에 불과하기 때문에, 실효적인(요컨대 능동적인) 합치는 오직 재-합치로서만 존재한다. 이제는 자기 자신을 확실하게 소유하는 합치가 아니라 오히려 긴장 속에, 합치의 긴장 속에 있는 합치만이 존재하는 것이다. 탈합치가 적합성을 해체하고 생성을 다시 시작함으로써 새로운 합치를 희망하게 할 수 있다면, 그런 새로운 합치는 단지 '시험삼아 이루어진' 것일 수밖에 없다는 점을 우리는 예상할 수 있다. 재합치는 더이상 소통도 못하고 파열될 위험을 무릅쓰며 분리된 것을 영어권에서 말하듯이 "다시 추스른다(put your self together)."
『수상록』에서 몽테뉴는 결코 '자아'를 실체화하지 않는다. 즉
자아를 한 본질에 격리하지 않고 그것에 관해 끊임없이 말하
면서 이 같은 재-합치의 가능성을 가동하기를 멈추지 않는다.
그리고 그는 다름 아닌 경험의 계속적인 '동요'와 분산을 통해
서 이런 재-합치의 가능성을 가동한다. 따라서 이런 합치는 자
신의 '상황'에 들어맞는 특정 **계기**와 함께하는 것이며 굳어버
리거나 고정되지 않는 것이다. 정신은 거기서 '꼼짝 못하는 것'
도 아니고 거기에 '빠져 있는 것'도 아니며 오히려 스스로 거기
에 '열중하는 것'이다. 정신은 거기에 '앉지만' '눕지는' 않는다.
거기에 눕는다면 합치 속에 정착하는 것이고 그 안에 매몰되
는 것이다. 거기에 앉는 것은 다시 시작하기 위한 수익을 거두
어들임으로써 시의적절한 때에 휴식을 취하는 것이다. 정착하
지 않는 이런 합치는 "나는 춤출 때 춤춘다"("나는 잘 때 잔다")
라고 말한다. "내 사유가 특정 시간에 낯선 일과 대화한다면,
다른 시간에 나는 내 사유를 산책시키고 과수원에 데려가며
이 고독의 부드러움과 나 자신에게로 데려간다."

　　탈합치 능력에 자기 힘을 빚지고 있는 작품이 있다면 그 본
보기는 루소의 작품일 것이다. 그의 사상에 앞서 그의 삶부터
가 감행되고 계속된 탈합치 그 자체였다. 물론 이런 탈합치는
그의 조국(제네바), 종교(칼뱅주의), 빈번히 접촉했지만 멀리하게
된 다양한 환경(문인들) 등 부분적으로는 우선 감내할 수밖에

없는 것이었다. 그리고 우선 (드 바랑 부인과 같은) 내밀한 타인이 있었다. 루소는 그녀를 포기하게 되었고 그로 인해 고독한 미래가 비롯되었다. 더 정확히 말하면 **우선** 최초의 탈합치가 있었고 그 원리는 나머지 모든 탈합치들을 포함하는 것이었다. 그것은 다름 아닌 그가 태어날 때의 어머니의 죽음이다. 그러나 루소의 탈합치는 또한 숙고하여 선택된 것으로, 그가 자기 삶의 '개혁'으로 부르게 될 탈합치이다. 그런데 루소가 이런 수준으로 탈합치를 끌어올렸기 때문에 이제는 다른 가능성이 열리고 루소의 문구처럼 그와 함께 "한 세계가 시작된다." 그럼에도 불구하고 루소는 자기 자신이라는 인간을 변호하기 위해서라기보다 자신의 재-합치를 추구하기 위해서 『고백론』의 서사를 집필한다. 모티에르에서의 투석 사건 이후 생피에르섬에서의 체류는 잠정적 재-합치의 시간이다. 왜냐하면 그는 "다음날 떠나야 하는 여인숙에서처럼" 여행가방 짐도 풀지 않고 정착도 하지 않았기 때문이다. (섬의 "경계"가 가능하게 하는) 풍경, (기분전환을 하되 얽매이진 않는 축소된 사교가 허용하는) 사회, (식물학에 대한 열중 같은) 자연, "나 자신으로 스스로를 감싸안은 고립된 이 체류"에서 자아와의 합치 등이 그런 잠정적 재합치다. 그런데 모든 면에서 그 어떤 침입에도 혼란해지지 않는 이 합치로부터 "실존한다는 순수한 느낌"의 통로가 열린다. 그리고 "이 상태가 지속되는 한, 마치 신처럼 자족한다."

그러나 '느낌'의 정중앙에서 루소가 활성화하는 '실존하다'

란 무엇을 의미하는가? 처음에 루소는 '실존하다'의 의미를 '존 재'와 분리하고 결과적으로 '살다'와 다시 연결시킴으로써 그 실존적 의미를 전개한다. 정확히 말해 마침내 우리가 접근할 수 있고 "자아 바깥의 아무것도('자기 자신과 자기 고유의 실존 외에는 아무것도')" 향유하지 않는 이 합치의 순간에 주체는 자기 자신과의 적합성에 틀어박히기는커녕, 반대로 루소의 말에 따르자면("나의 부드러운 황홀") '황홀'을 경험한다. '황홀(extase)' 은 그리스어로, 라틴어의 ex-istere가 말하는 '바깥에 서기'의 능력을 정확히 의미한다. 이 점에서 '황홀'은 신비주의적인 것이 아니며, 오히려 주체의 자아를 넘어서는 것이고 거기서 벗어남을 말한다. 이는 자아를 넘어서고 거기서 벗어나는 일이 윤리적이기 때문이다. 이 같은 재-합치는 안정화되지 않는 것과 마찬가지로 자기 안에 갇히지도 않는다. 호숫가에서 루소는 풍경과 마찬가지로 자기 자신과의 충만하고 덧없는 일치 속에서 그가 '몽상'이라고 부르는 것의 물결에 억제할 수 없이 자신을 내맡긴다. 주체는 스스로 무한에 열린다는 점에서 실질적으로 자기 자신 안에 재발견된다. 그렇지 않으면 합치는 정신을 만족시킬 수는 있지만 삶을 부정하는 작위가 될 것이다.

8. 합치의 무덤

의식이 탈합치를 통해 나타난다면 정신은 합치를 목표로 한다. 나아가 모든 목표는 합치(과녁)를 겨냥할 수밖에 없다. 그런데 정신은 본질적으로 '목표 설정'이다. 실제로 그리스의 사유는 시작에서부터 이와 같은 합치 가능성의 조건을 확립했다. 왜냐하면 (파르메니데스가 말하듯이) 존재와 사유는 같은 것이기 때문이다. 즉 존재와 사유는 완전히 서로 일치하며 둘 중 하나가 다른 하나를 넘어서지 못한다. 그 결과 사유는 존재 밖에서 횡설수설할 수가 없다(또는 그럴 경우 사유는 진정으로 사유하는 것이 아니다). 존재도 또한 사유 불가능한 것을 사유에 제공할 수가 없다. 양자는 분리된 두 항으로서 합치하는 것이 아니라, 양쪽 모두가 서로를 따르는 동일한 순응성에 속하기 때문에 합치하는 것이다. 그런데 바로 이런 합치가 이후 '본질'이란 개념하에 고정되고 인증된다. 본질은 존재를 대상으로서 제시하고 재단하며, 그래서 이 대상은 전적으로 정체가 규정 가능하고 따라서 사유를 통해 편리하게 조종 가능해지기 때문이다. 그러나 그 결과 사유는 본질을 정신의 목표로 삼음으로써 본질에 고정되면서 '실존'을 방기하게 되었다. 왜냐하면 실존은 본질 안에 담기지 않으며 자기가 열어놓는 가능성을 통해 모든 정의를 벗어나고 경험에서 확인될 뿐 아니라, 정신의 그 어떤 추론이나 연역에도 들어가지 않으며 따라서 그 어떤 방식으로도 사유를 통해 조작되지 않기 때문이다. 특히 인간은 **합치하지 않는 존재**이며 그렇기 때문에 '인간'으로 활성화되었고 **실존**할 수 있다. 인간의 유일한 본질은 아무런 본질도 없다는 것이고 (인간에 대한 모든 정의는 오직 정해진 입장과 합치할 뿐인바) 인간의 유일한 정의는 가능한 모든 정의에서 벗어난다는 데 있다. 이 점에서 오직 인간만이 '실존한다'고 말할 수 있다.

또한 그리스인들을 통해 철학이 인식에 동화되었고('학'을 위해 '지혜'를, 에피스테메를 위해 소피아를 버렸고) 진리(사물과 정신의 일치 같은)에 집착하며 삶을 방기했다면, 이는 삶을 무시하고 거부했기 때문이거나 니체의 말처럼 고행을 통해 삶에 반대하며 악의를 발전시켰기 때문이 아니다. 그러나 철학은 합치에 편향된 논리적 입장을 통해서 그런 쪽에 얽매이게 되었다. 철학이 삶을 방기하기로 선택한 것은 아니지만, 플라톤이 훌륭하게 간파했듯 삶은 이미 그 신진대사에서 끊임없이 자기 자신과 탈합치하기 때문에, '존재'에 대한 삶의 무능력과 그에 따른 본질로의 합치에 대한 삶의 무능력을 폭로해야 했다. 철학은 "참된"

삶(alethes bios)을 존재로, 그리고 현세와 분리된 신적 '피안'으로 이동시킴으로써 참된 삶을 사유해야 했다. 진리는 존재에서 자기 정체성을 발견하는바, 오직 존재의 안정성과 진리가 합치한다고 할 때, 형이상학은 그런 존재의 안정성을 위해 삶의 불가능한 합치를 포기함으로써 정신을 통해 요청된 **구축**이었다. 또한 이로부터 오류는 한결같이 폭로된 탈합치와 동일시되었고, 지각된 감각(aisthesis)과 정신에 각인된 표시(semeion) 사이에 나타나는 탈합치가 된 것이다. 그리하여 이 둘을 혼동하면서 하나를 다른 것으로 간주할 수 있게 된다(플라톤). 혹은 오류는 주체의 위상이 확립된 후 나의 지성은 유한하고 나의 의지는 무한한 데서 비롯된다. 따라서 의지는 지성과 합치하는 대신 지성을 넘어설 수 있는 것이며, 결과적으로 나의 판단은 나의 인식을 넘어설 수 있는 것이다(데카르트). 오류는 합치의 존재론적 합법성을 반증의 추론으로(a contrario) 확증할 뿐인 일시적 결함이다. 이로부터 또한 합치의 구축에 열중한 철학은 삶의 불가능한 합치, 삶의 모순, 삶의 애매성에 대한 **묘사**를, 그리고 결과적으로 이런 점을 자각하는 능력을 아주 뒤늦게 반작용으로 '문학'이라 불리게 될 것의 일에 맡겨버린 것이다.

사실 스토아주의는 이미 자기의 탄생 이유가 된 반작용을 통해 이런 추상작용에서 벗어난다고 간주될 수 있으리라. 왜냐하면 스토아주의는 지혜를 공공연히 부활시키고 비탄의 시대에 '어떻게 사는가'에 대한 시급성에 응답하며 또한 삶과 분리된 존재의 사유에서 벗어나고 반대로 삶에 내재한 논리와 결합하고자 하기 때문이다. 그런데 이와 반대로 스토아주의가 합치의 요청을 극단으로 밀어붙였고 이를 통해 삶에 대한 도덕의 거대한 강압을 강조했을 뿐이라는 점이 확인된다. 왜냐하면 플라톤이 생각했듯이 관건은 단지 (존재의 견고한 토대에) 접근하고 '접촉(haptein)'하는 것이 아니라 (자연과) '합치하는 것(homologein)', 즉 세계의 자기 전개에 내재한 적합성과 계속적으로 결합하고 세계의 논리와 결속된 모습을 나타내는 것이기 때문이다. 그래서 실제로 모든 존재들이 동일한 성장 절차에 속하고(이것이 '자연phusis'의 의미이다) 이 절차는 연쇄와 조직화의 합리적 자기 법칙을 그 자체로 소유한다는 것(이 점에서 '논리'가 있는 것이다)이 정립된바, 이와 같은 정합성과 합치하고 세계를 이루는 '응집력'에 어긋나지 않으며 오히려 이 응집력을 천착하기 위해 스토아주의는 개별적인 감정들을 전체의 이익에 순응하도록 하는 일상의 강제적 훈련일 수밖에 없다는 것 또한 타당한 일이다. 따라서 스토아주의의 도덕은 내재성의 이름으로 이루어질지라도 명령형으로만 언술되는 것이다. 실제로 자아는 자신의 이성을 오직 보편적 자연의 이성, 즉 "모든 것을 지배하는(he ta hola dioikousa)" 이성과 합치시켜야만 하는바, 욕망의 훈련은 전체 자연이 원하는 것과 다른 것을 욕망하기를 거부하는 데 있고, 결과적으로 악을 포함하여 나에게 일어나는 모든 일에 기쁨으로 동의하기(세네카가 말하는 adsentior) 위해 필요한 모든 노력을 행하는 데 있다. 심지어 욕망의 훈련은 이런 덕을 나의 유일한 행복으로 삼는 데 있으며, 이것이 최상의 강압이 될 것이다.

총체적으로 이해된 스토아주의(그런데 총체적으로 이해될 수밖에 없는 것이 스토아주의의 특성이다)는 합치의 거대한 장치에 불과하다. '체계' 개념이 철학에 도입된 것은 바로 이 스토아주의 때문이다. 윤리학, 물리학, 논리학 중 무엇으로 시작하든 간에 각 부분은 다른 부분과 동질적이며 여기서 모든 것은 일치를 통해 유지된다(sustema). 왜냐하면 표상(논리학), 물체(물리학), 성향(윤리학) 등 철학의 한 부분에서 다른 부분까지 각 항은 '상동(相同)'이기 때문이다. 나의 자연적 본성(nature)은 그것을 포괄하는 대자연과 합치하고 대자연은 보편 이성, 제우스, 운명과 합치한다. 여기에는 플루타르코스가 조롱했듯이 동어반복만 있다. 따라서 스토아주의에서 사유는 항상 동일자에서 동일자로 나아갈 뿐이며 묶음으로서 단번에(tota simul) 파악될 뿐이다. 각 부분은 다른 부분에 맞춰져 있으며(키케로는 "더 좋은 것은 없다nihil est aptius"고 말한다), 요소들 사이에 '상호 내포'가 있고, 동일한 필연성이 전체를 관통하고 조직한다. 동일한 논리가 성향에서 이성에 이르기까지 적용되고 일말의 가능한 비연속성도 없는바, 출발점은 도착점과 합치하고, 엄밀히 말해 더이상 귀결은 없고 공명이 있는 것이며, 더이상 계기는 없고 **웅집**이 있을 뿐이다. 이런 체계에서 사유는 맴돌 수밖에 없고(맴돌아야만 하며) 스스로 공고해지고 스스로를 확증할 뿐이다. 여기서 사유는 되풀이되고 더욱더 새겨질 뿐이며, 감정들을 더 잘 속박하고 정신을 설득하기 위해 다시 음미될 뿐이다. 합치의 이런 격상은 여러 시대를 거쳐 그대로 존속하게 될 위대한 기념비다. 여기에 무엇을 덧붙이겠는가? 그러나 이런 사유는 그 정지 상태로 인해 삶에게는 무덤이다. 삶을 유지하기 위해 끊임없이 탈주하고 스스로와 탈합치하는 삶의 무덤인 것이다.

왜냐하면 이런 합치가 가능하기 위해서는 충분히 윤곽이 드러나고 경계가 정해진 어떤 것, '그것과' 합치가 이루어질 수 있는 어떤 것이 필요하기 때문이다. 그런데 적어도 삶과 관련해서 이와 같은 맞대면을 규정짓는 재단에 착수하는 것이야말로 모든 합치 체계의 자의성 아니겠는가? 그리고 우선 합치되어야 할 이 '자아'는 어떤 것인가? 스토아주의는 합치에 들어가는 이 자아를 '한정하는 데(perigraphein)' 노력을 집중했다. 그리고 이 노력은 다른 자아들뿐 아니라 과거와 미래의 자기 자아, 지각된 인상들에서 나오는 본의 아닌 감정들, 또한 이 자아가 휩쓸린 사건들의 계속적인 흐름으로부터 자아를 격리시킴으로써 이루어졌다. 이는 자아에 영향을 미치는 모든 것과 무관하고 '지배권'의 원리로서 나의 내적 '성채'일 수 있는 진정 '나의 것'인 자아를 분리해내기 위함이다. 그러나 합치의 순수한 심급으로 건립되기 위해 철저히 격리되고, 자기 자신에게만 고유하게 속하기 위해 다른 모든 것을 비워낸 이 자아는 더이상 만남이 불가능해질 정도로 자신 안에, 자신의 내면에 갇혀버린 것이 아닌가? 즉 이 자아는 실질적으로 합치하기를 욕망하기 위해 아직도 '타자'와의 관계에 대한 관념을 충분히 간직하고 있는가?

나아가 이와 같은 자아는 자신에게 영향을 주는 모든 '상황적인 것'으로부터 억지로 추출되어 나올 수 있는가? 그렇다면 자아는 **무엇과** 합치할 수 있겠는가? 스토아주의가 강조하듯이 현재와 합치해야 한다고 말할 수 있을 것이다. 왜냐하면 오직 '현재'만이 나의 것이고 현재만이 실존하기 때문이다. 스토아주의가 끊임없이 반복해 말하듯, 산다는 것은 현재와 합치하는 것이다. 그러나 미래와 과거에 관계된 모든 것을 현재에서 배제하기 위하여 현재에 대한 표상들을 선별하면서 이 현재를 한정하고 현재의 '윤곽을 정하며' '경계를 정하려면(perihorizein)' 또 어떤 고행에 전념해야 할 것인가? 또한 이런 경계 구분이 이루어진 후에도 남게 될 이 '무한히 작은 것'은 다시금 무한정하게 분할해야 하지 않는가? 또는 내 행위의 외연을 통해 현재를 더 포괄적으로 정의하고자 할 경우, 몸짓과 구분되어야 하는 이 행위(크리시포스)의 경계를 정할 수 있는 시작과 끝이 명확히 있는가? 오히려 생명체의 고유한 점은 생명체의 흐름, 벌어짐, 탈주에 있어서 그 무엇도 어떤 가능한 적합성의 경계로 사용될 수 있을 만큼 충분히 분리되고 결정되지 않는다는 데 있다. 따라서 '현재' 그리고 '자기 자신'과의 바라던 합치는 항상 **벌어질** 수밖에 없다. 삶은 본질 없는 그것의 본질상 순간적인 것이다. 최선의 경우라도 합치는 일탈 및 **유출된** 재-합치, 즉 철저히 의지적일 수 없고 결과적으로 일시적일 수밖에 없는 재-합치를 거쳐 간신히 드러날 수밖에 없다. 합치는 추구된 운동이 아니라 '실존한다'는 느낌을 생겨나게 하는(두는) 의식의 내재적 운동에 따른 '상황'을 통해 출현할 수밖에 없다(생피에르 섬에서의 루소). 이는 스토아주의적 명령에 의해서처럼 강제적 적용과 정신의 목표 설정을 통해서가 아니다.

사실 (마르쿠스 아우렐리우스가 '현재'나 '자아'의 경계를 정하듯이) 스토아주의자들이 윤리를 정초하는 이 거대한 적합성의 항들을 정확히 규정하고자 한 것은 나중의 일일 뿐이다. 즉 그들은 우선 '자연과의 일치'를 말했다(또는 심지어 크리시포스나 혹은 제논 이전일지 모르겠지만, 단순히[절대적으로] '똑같은 것을 homologein'라고 말했다). 왜냐하면 신에게 기도할 수 있고 신을 두려워하거나 경탄할 수도 있지만, 설사 자연을 신성화할지라도 '자연'과의 관계하에서 그리할 수 있기 때문이다. 즉 자연의 역학에 내재한 논리와 결합하고자, 달리 말하면 그것과 합치하고자 할 수 있을 뿐이다. 이처럼 자연을 거대한 주체로 격상하고 준거의 버팀대로, 더욱이 유일한 버팀대로 건립하며 적합성의 원천으로, 나아가 모든 가능한 적합성의 원천으로 삼아 결과적으로 보편 이성과 동화시키는 것은 고전시대 사유의 특성이며 그 토대를 이룬다. 이 점에서 스피노자는 아직도 **탈-봉인 이전**의 사유에 속한다. '자연과 일치한다'는 것은 스토아주의에서처럼 일반화된 등가성에 근거한 스피노자 사유의 핵심에 있다. 즉 신은 '곧(sive)' 자연이기도 하고 자연은 보편 이성이기도 하다. 언젠가 이 점을 더 상세히 밝혀야 하겠지만,『에티카』의 힘은 그 논리적 장치하에 지혜의 이런 큰 강압을 그토록 잘 분배하고 거의 은폐할 줄 알았다는 데 있다. 이와 반대로 근대성은 더이상 자연을 결정기관으로 건립하지 않는 데 있고 나아가 자연을 준거로 정립할 수 있다고 믿지 않는 데 있으며, 심지어 나는 균열의 선이 관통하는 것이 바로 이 지점이라고 생각한다. 결과적으로 근대성은 또한 합치를 보장하는 장치를 해체해야 하는 데 있고, 이는 사유와 마찬가지로 예술에도 해당된다.

실제로 르네상스시대의 알베르티[12] 같은 예술가가 자연과의 합치 시도로서의 회화를 체계적으로 구상함으로써 스토아주의자들과 동일한 **경계 규정**의 실행을 통해 회화 작업이 시작되도록 했다는 것은 당연한 일이다. 화가는 그려야 할 표면

---

12 레온 바티스타 알베르티(Leon Battista Alberti, 1404~1472)는 이탈리아의 화가, 조각가, 문필가로 저서『회화론(De Pictura)』이 유명하다.

들의 '윤곽선'을 그리고 표면들을 선명하게 '한정'함으로써 시작할 것이다. 이는 스토아주의에서처럼 대합치를 위해 설정된 장(場)을 만들기 위함이다. 실제로 여기서는 투영된 표상을 통한 합치가 관건이며, 표상의 결과에 불과한 유사성만이 관건은 아니다. 왜냐하면 다양한 모든 요소들을 역동적인 동시에 해부학적인 방식으로 '함께 지탱되도록' 하고 전체에 응집력을 부여하는 내적 정합성에 이르는 것이 본질적인 관건이기 때문이다. 실제로 육체들을 그리는 것이 우선적인 관건이고(회화는 '역사화'다) 단지 지체(肢體)들이 서로 일치하기를(pulchre conveniant) 추구하는 것이 아니라, 옷을 입은 형태 아래 나체가 조화롭게 그려지고 나체 아래 뼈와 근육이 한번에 상호 배치되기를 추구하는 것이 관건이기 때문이다. "이는 살아 있는 존재에서 어떤 지체도 다른 지체들과 불일치하지 않도록 하고" 육체의 합치하는 전체에서 각각 똑같이 자기 기능을 충족할 수 있게 하기 위함이다. 스토아주의적 '체계'에서처럼, 적합성-조정으로서의 '상호 조화'는 크기, 배치, 비율, 색깔 등 조화의 모든 측면에서 전개되어야 한다. 이는 자연이 모방해야 할 '감탄스러운 예술가'이고 위대한 주체이자 준거로서 정립되며('자연이 내게 가르쳐주었다……') 안내자이자 보증자로 정해졌기 때문이다.

또한 자연에 '다름 아닌' 것으로 존재론적으로 정립된 것과의 합치는 그 자체로 '진리'로 여겨지는바, 알베르티는 회화의 모든 작업을 처음부터 끝까지 이와 같은 합치에 가장 엄밀하게 진입하려는 정신의 장치로서 생각했다. 회화를 점, 선, 면, 형(形)의 요소들로 해체하는 것이 관건이든, 또는 (밑변을 이루는) 면들과 (꼭짓점을 마감하는) 눈 사이의 다발처럼 그어진 선들로 면을 분할하는 시각 피라미드 장치가 관건이든, 또는 이에 따라 전체가 가장 완벽한 부동성 속에서 유지되고 삼각 기하학 하에 선험적으로 정렬된 상태에서 "중심의 위치가 설정되고 빛이 고정되며" "주어진 거리에 따라" 재단된 절단면으로 생각된 방식이 관건이든, 또는 그림의 바닥선을 분할하고 횡단 열을 수단으로 물체들을 비율에 따라 분배하는 포석 깔기의 기능이 관건이든 간에, 문제가 되는 것은 항상 **적합성의 정확성**, 다시 말해 회화가 삶을 고정시키는바 "회화의 이런 기적"에서의 고정 체계에 따른 정확성이다. 그리고 전체가 그 구조에서 르네상스시대에 발명된 가장 주목할 만한 고안으로서의 원근법 건립에 이른다는 것은 진리에 대한 계산된 장치로서 합치의 승리를 나타내는 것이다.

알베르티가 눈과 표상해야 할 물체 사이에 놓는 틀 위의 격자무늬로 짜인 망사포(이 발명은 시각 피라미드 장치를 보충함으로써 당연하게도 알베르티에게 자부심을 주는 것이었다)는 '사물'과의 이런 '일치'를 더욱 엄밀하게 만들기 위해 그가 특히 공들인 도구다. 이 도구는 이런 일치의 논리와 야심을 완벽하게 예시한다. 왜냐하면 이것은 항상 동일한 면들이 동일한 각도에서 시

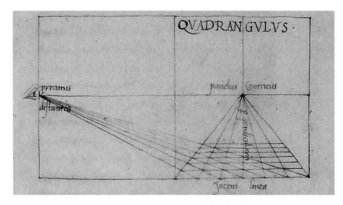

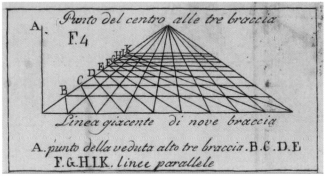

각에 들어오게 하며, 따라서 시선은 매번 관점의 동일한 위치를 재발견하므로 면들을 시선하에 항상 동일하게 유지해주기 때문이다. 결과적으로 그려야 할 그림에서 윤곽선의 자리와 면의 경계가 더 정확히 설정된다. "실제로 너는 이 격자창에서 이마를, 다음 창에서는 코를, 그 옆 창에서는 볼을, 그 아래 창에서는 턱을 본다. 이처럼 자기 자리에 배치된 각각의 것을 볼 것이다." 나아가 둥글고 입체적인 것도 이 격자창에 배치된 부분들을 분석적으로 재단하여 망사포의 평면에 들어오게 할 수 있을 것이다. 알베르티는 자찬하여 말하기를, 나아가 이 망사포가 시각을 고정시키고 격리함으로써 장면 전환의 의심스럽고 불확실한 것을 분리된 면들로 구분하게 해줄 것이라고 했다. 장면 전환은 유일하게 일치성을 가능케 하는 윤곽선들의 경계 규정을 해체할 위험이 있으니 말이다. 따라서 얼굴에서 "관자놀이가 진정으로 이마와 분리되는" 지점의 경계를 정해야 한다. 이토록 알베르티는 할당하고 경계 짓는 특유의 윤곽선들을 통해 모든 것을 정의할 수 있고 합치의 장치를 항상 더 정밀하게 만드는 정신의 승리를 확인한다. 그런데 삶은 단절 없는 이행이 아닌가? 그런데 이런 경계 규정 역시 인위적인 것이 아닌가? 삶은 **결정**되도록 놔두지 않는 **이행 과정**의 의심스럽고 불확실한 것, 달리 말해 '존재'에 속하지 않는 바로 이 '사이'에 있지 않은가? 그렇기 때문에 근대성은 삶을 해부하고 그 본질 속에 고정하여 포획하고자 하는 회화의 이 거대한 묘비를 근본에서부터 무너뜨리고자 한다. 게다가 단 한 명의 화가라도 알베르티가 권장한 대로 그림을 그린 적이 있는가?

9. 근대성

근대성은 더이상 유행이 아니다. (포스트모던이 근대성을 계몽주의의 유물로서 규탄하듯이) 이미 초월되었다고 간주되거나 항상 ('근대성, 근대성!'이라는 구원의 요청 같은) 안이한 원용 대상에 불과할 뿐이며, 그 약속을 지킬 수 없는 것으로 여겨지기도 한다. 또는 이와 반대로 ('절대적으로'라고 말한 랭보의 문구를 뒤집은 레미 브라그[13]처럼) '단호하게' 근대적인 것이 아니라 '온건하게' 근대적이어야 한다고 간주되기도 한다. 이 경우 근대성은 단지 역사적 궁지에 봉착할 뿐인 이데올로기적 강압성의 해악으로 규탄된다. 또는 단순히 근대성은 존재한 적이 없었다고 간주되기도 한다. 브루노 라투르가 저서의 제목으로 삼았듯이 우리는 "결코 근대인이었던 적이 없다"는 점은 근대성의 영웅으로 인정된 갈릴레이가 충분히 보여주는지도 모른다. 그는 최

---

13 레미 브라그(Rémi Brague, 1947~)는 프랑스의 철학사가다.

초로 망원경에 보인 달의 그림자를 르네상스시대 예술가의 탁월한 솜씨로 그려낸 **동시에** 같은 지면에서 자신이 어떻게 메디치 가문 로렌초의 운명을 점쳤는지 보여주었으니 말이다. 그러나 나는 근대성이 있다고 생각한다. 상대적이거나 어느 시대에든 원용된 근대성, 즉 '고대인들'에 반대하여 '근대인들'이, 또는 아리스토텔레스에 반대하여 갈릴레이가 주장한 근대성이 아니라 특유의 사건을 구성하는 근대성이 있다고 생각한다. 즉 19세기와 20세기의 전환점에서 유럽이 이전의 일치들보다 총체적인 적합성의 가능성을 문제삼았을 때 말이다. 이 시기는 유럽 자신의 이성의 매뉴얼과 단절하거나 사물들의 근거를 바꿀 때라기보다 오직 **탈합치**만이 지속 가능하다는 것을 보여준 때다. 이 당시 철학에서 '체계'는 사망했다. 체계를 바꾸는 것이 아니라 모든 것을 일치 상태로 유지하는 체계의 불가능성을 헤아린 때며, 그런 체계에 맞선 때다.

이런 양상은 과학에서 예술에 이르기까지 사유의 다양한 장(場)에서 동시에 전개된다. 물리학은 보편적 자연법칙이 부분적 타당성을 갖고 지엽적으로 적용된 상대적 공식이라는 점을 발견함으로써 보편적 자연법칙의 구실을 하던 뉴턴의 중력 방정식에서 탈합치한다. 심리학에서도 프로이트가 징후와 억압에 관한 연구를 통해 어떻게 시간뿐 아니라 모순과도 무관한 무의식이 정신의 도덕적(사회적) 감시를 통해 유도된 의식의 특수한 체계로부터 탈합치하여 독립된 '체계'를 형성하는지를 드러낸다. 회화에서도 이런 양상이 전개된다. 회화는 자연과 탈합치할 뿐 아니라 심지어 풍경과 탈합치하며, 그리스도를 황색으로 그리거나 앞얼굴과 옆얼굴을 동시에 그린다. 회화는 더이상 사물들의 성질에 고유한 장소를 할당하고 사물들을 본질에 가둘 수 있는 것처럼 형태를 윤곽의 '경계' 안에 두는 용이함에 머물지 않는다. 사과는 윤곽선을 넘어선다. 회화는 우선 원근법의 기만과 '참의 환상'에 대한 환상을 규탄하면서 원근법을 포기한다. 왜냐하면 여기에는 존재론적 일치(보편적 적합성의 토대로서의 존재론)의 총체적인 동요가 있기 때문이다. 이는 더이상 유일한 일치는 없으며 심지어 탈적합성이 생산적인 다른 논리를 사유하도록 이끄는 동요다. 역사는 곧이어 자기에게 부여된 기능에 따라 이런 새로움의 힘을 통합하고 **정신**의 최고 권능을 위해 그 위험을 제어하고자 하겠지만, 아마도 우리는 이 새로움의 힘이 어디서 비롯되는지 막 탐색을 시작한 것에 지나지 않을 것이다.

그런데 이와 반대로 고전적이라고 불리는 사유(사실상 모든 선행 사유)의 균열은, 내가 지금까지 묶어서 다룬 적합성과 조정이 실제로는 우선 서로를 통해 해석될 수 있다는 사실에서 비롯된다. 진리의 정의 자체로 여겨지고 따라서 논리적 구조라고 생각될 **적합성**은 **조정에 불과한 것**일 수 있다. 이처럼 합치의 위대한 기념비에 그 기초부터 균열을 내는 의문이 드러났다.

폴 고갱, 〈황색의 그리스도〉(1889)

　이는 은폐된 그 기초를 드러내어 뿌리 뽑아버릴 정도에 이른다. 흄은 그리스인들 이후로 세계에 대한 거대한 설명 장치였던 인과성이 습관을 통해 정신 안에 확립된 연쇄에 불과한 것이 아닌지 물으며 논의를 시작한다. 코페르니쿠스적 혁명을 통해 이런 의문을 모든 인식에 확장 적용한 칸트는 우리의 인식이 대상들을 '따르는' 것이거나 정신이 사물과의 적합성에 들어오는 것이 아니라, 바로 이 '대상들'이 우리의 감성 형식과 우리의 정신 범주들에 조정됨으로써 우리의 인식 능력을 따른다고 주장한다. 마침내 니체는 이런 의혹을 다음 결론으로까지 밀고 나간다. 우리가 진리를 구성하는 적합성으로 간주하는 것은 삶에 대한 적응에 불과할 뿐이다. 우리는 삶에 필수적인 우리의 조건에 부응하고 우리의 힘에 대한 우리의 의지를 만족시키는 것을 진실로 간주한다. 우리가 인식의 객관성이라고 '믿는' 것은 종(種)의 유기체적 필요에 적응하는 것에 불과하다. 심지어 진리가 더이상 진리가 아니라 '가치'이며 어쩌면 오류이기까지 하지만 우리의 생존을 위해 유용하다는 점에서 정당화되는 오류라고 할 정도다.

적합성이 더이상 존재 안에 확립되지 않으며 더 정확히 말해서 확립해야 할 적합성은 이제 없다는 점, 즉 적합성은 조정된 특성이 가질 수 있는 우발성, 정당화할 수 없는 우발성을 숨기지 못하는 합치에 불과하다는 점은 자연의 권위를 빼앗아버리게 되었다. 자연은 적합성의 대상으로서, 동시에 적합성의 기초이자 보증으로서의 권위를 상실하게 되었다. 그것에(그것 안에) 스토아주의적 현자가 행동을 일치시킬 수 있는 '자연', 또는 알베르티가 회화를 일치시킬 수 있는 '자연'은 더이상 없다. 그러나 이제 무엇으로 자연을 대체할 것인가? 시초에 대해 무엇으로 자연을 대체할 것인가? 그러나 시초로서 규정할 수 없는 바로 그런 시초에 대해 무엇으로 자연을 대체할 것인가? 시초를 규정하게 되면 우리는 대합치의 안이함에 다시 빠질 것이기 때문이다. 따라서 자연이 우리로 하여금 '믿게' 했던 내재적이고 전체적이며 정합적인 전개 과정, 즉 그 안에서 사유와 행동이 뿌리내릴 수 있고 규범적 합법성을 갖춘 전개 과정을 무엇으로 대체할 것인가? 근대성은 이에 대한 종결을 대범하게 맞이하는 데 있다. 다시 말해 자연의 죽음을 확인하는 데 있다. 자연에서 초월성의 자연화를 규탄하고, 어떤 영역이든지 간에 행동(praxis)은 더이상 복종하거나 순응하는 것이 아니라고 감히 생각하며, 규칙들은 주어진 것이 아니라 만들어내는 것이고 우발적인 것은 조정된 것과 분리 불가능하며 오히려 합치라는 용어가 암시하듯이 우발적인 것은 조정된 것의 은폐된 조건일 수 있다고 감히 생각하는 데 있다. 근대성은 '자연'을 그 보편적 필연성에서 정립하지 않고 최초의 항으로서 **무작위**를 정립하는 데 있었다.

'무작위'는 모든 **기초**를 무너뜨린다. 이는 단지 무작위가 기초로서의 자연을 무너뜨리기 때문이 아니라, 더 근본적으로 가능한 기초를 사유하는 것을 금하고 바탕이나 보증, 즉 기능의 궁극적이고 보편적이며 규범화된 양상에 대한 모든 사유를 해체하기 때문이다. 무작위가 자연의 반정립(反定立)인 것은 무작위가 자연과 어긋나기 때문이 아니라 자연의 안정적인 합법성을 규탄하기 때문이다. (클리나멘Clinamen이 이미 나름의 방식대로 말해주었듯이) "태초에 무작위가 있었다". 따라서 시초도 없고 존재에 새겨진 원리도 없다는 것은 자연 및 그 고전주의와 단절할 뿐 아니라 동시에 자연이 식별하게 하는 선입견을 무너뜨리는 근대성의 명제다. 또는 '존재'의 용어들에 한정해 말하자면, 니체가 훌륭히 간파했듯이 존재의 '무작위'가 있고 이는 존재의 본질적인 '이중성'이다. 존재론에서 주장하듯이 존재가 외관에 대립된다는 것이 아니며, 따라서 존재에서 외관을 분리하는 것으로 충분한 것이 아니라, 자신의 외관 그 자체 안에 숨겨지고 자신의 진리를 드러내기 위해 스스로 은폐되는 것이 존재인 것이다. "우리는 진리가 그것의 장막들 없이 진리라는 것을 더이상 믿지 않는다. 우리는 그와 관련해 너무 많은 것을 겪었다."(『즐거운 지식』, 서문) 이는 니체가 명명했듯 "세계의 무작위", 그 안에서 "존재와 현상"이 섞이는 바로 그 무작위이다.

결과적으로 이 무작위는 부차적이지 않고 으뜸이다. 그것은 (아리스토텔레스의 경우처럼) 존재의 결여로 인해 세계를 행성 운동의 완벽한 규칙성에서 이탈하게 하는 결함투성이 현세의 부차적 무작위가 아니다. 오히려 '실재'로 확립되고 굳어지는 것을 분리해낼 수 있다고 믿게 하는 대립들의 상류 자체에서 "선과 악을 넘어서 작동하는" 신적인 무작위다. 이 무작위 자체는 '즉자'가 없고 즉자의 적합성 및 그 용도를 해체한다. 그러므로 이 무작위는 자연의 위대한 기능성을 무산시킨다. 무작위는 그 자체로 정확히 '무용한 것'이며, 동시에 어린 디오니소스의 놀이처럼 가장 자유롭고 가장 즐거우며 가장 천진난만한 것으로 존재한다. 또한 우리는 더이상 원인과 결과의 적합한 연쇄를 존재 안에 정당화할 수 있다고 '믿음으로써' 세계를 **설명**할 수 없고, 이런 무작위의 수많은 변주와 재구성으로 세계를 **해석**할 수 있을 뿐이다. 이는 데리다가 명명했듯이 흔적이나 차연의 무작위다. 즉 (존재와 존재자 사이의) 근원적 차이보다 더 상류에 있는(더 오래된) 차연의 무작위인 것이다. 따라서 이런 차연은 현전이 아니고 오히려 그만큼의 '현전의 말소'다. 차연은 더이상 존재의 지평에 속하지 않는다. 왜냐하면 "존재의 의미를 담고 그 경계를 정하며", 따라서 그야말로 '의미'가 없거나 '존재'하지 않는 것은 바로 이런 무작위이기 때문이다. **탈합치** 자체는 바로 이런 근원적 무작위의 가능 조건을 말한다. 합치가 자부하는 적합성-조정을 해체함으로써, 즉 **우발적인 것**과 **조정된 것**의 무작위를 합치에서 항상 의심스럽게 찾아냄으로써 탈합치는 무작위의 근거 없는 이 상류를 탈합치하에 다시 나타나게 한다. 그리하여 탈합치는 스스로에게 전대미문의 가능성들을 열어놓으며 아직 정체가 규정되지 않은 자유의 조건을 복원한다. 근대 예술은 이 같은 무작위의 자유의 탐색과 활용으로 간주되었다.

실제로 자연을 대신하는 영역과 자리에서 무작위의 이 같은 본원성을 생각해야 할 것이다. 존재론의 구축물뿐 아니라 존재론의 조건 자체를 전복해야 할 것이고 적합성-조정, 또한 결과적으로 의미의 적합성의 상류로 되돌아와야 할 것이다. 마찬가지로 근대시의 문턱을 넘고자 한다면, 말라르메의 시에 진입하고자 한다면 탈합치가 무엇으로부터 자신의 조건을 얻어내고 있는지 생각해야 한다. 나는 말라르메가 다른 시인들에 이어서 그리고 시의 역사에 미리부터 통합 가능한 것처럼 소개될 수 있다는 점이 항상 놀라웠다. 왜냐하면 19세기 말 프랑스에서 시적 혁명으로 불리는 것 아래에 작동하는 것은 혁명을 훨씬 넘어선 것이었기 때문이다. 여기서 시는 자신의 '순수성'에서 자신을 찾아내고자 일정한 방식으로 변질된다. 그런데 오늘날에 와서조차도 우리는 이런 변천을 이해하기 전에 일단 그것을 고찰이라도 할 수 있는가? (예를 들어 "순결하고 생기 있고 아름다운 오늘이……."를 읽기 위해) 그 변천이 정신에 야기하는 손상과 혼란을 감내할 수 있으며 그것이 우선적으로 어떤 새로운 이해력을 요청하는지 파악할 수 있는가? 왜냐하면 단지 의미가 더 모호한 채로 남거나, 지시가 더 느슨하거나, 또는 기표가 기의에 대해 우위를 차지하는 것이 아니기 때문이다. "부질없이 울리는 폐기된 골동품(Aboli bibelot d'inanité sonore)……." 말라르메 스스로 (「시의 위기」에서) 제시했듯 마치 기본적으로 언어의 문제가 관건인 것처럼, "감추는" "묘사"에서 "떠오르도록 하는" "암시"로 이행하는 것조차도 아니다. 그러나 시라고 불리는 것의 조건 자체를 무너뜨리는 더 깊은 차원의 변화가 시도된다. 적합성, 곧 정신을 통해 규범화된 것에 대한 적응의 논리가 해체됨으로써 나아가 시가 그것의 원리에서 무작위가 되는 것이다. 광고판처럼 대문자로 쓰인 「우연(HASARD)」은 이제 그야말로 시에 대한 설명 불가능한 제목이 된다. "주사위 던지기는 결코 우연을 파괴하지 못하리라." 그 이유는 (마지막 구절에서 말하듯이) 다음과 같다. "모든 사유는 주사위를 던진다."

　말라르메는 존재 대신에 **아무것도 아닌 것**(rien)으로 시작하기를 즐긴다. 거품의 아무것도 아닌 것, "아무것도 아닌 것, 이 거품, 순결한 시……." 또는 사유에 관해서는 "깨어나서 당신이 아무것도 아닌 것……." 자연 대신에 말라르메는 "난파의 밑바닥" 또는 "재난"("모호한 재난으로 실추한")으로 이 본원적 탈합치를 명명한다. 이 탈합치는 문장을 거부에서 거부로 계속된 **어긋남** 속에서 펼치기 위해 문장을 분리하고, 문법의 규범화된 구성이나 시의 조정된 분철(分綴)에서 문장을 해방함으로써(문법 역시 **어긋난다**out of joint) 구문론을 해체한다. 여기서 관건은 결코 시적 방종이 아니며 따라서 언어의 규범에 대한 예외적 관용도 아니다. 오히려 '의미'는 이제 토대가 없고, 포화 상태가 되는 대신 "너무 정확한 의미는 ~을 말소하듯이" 스스로를 말소하고 이탈하며 연기되기를 멈추지 않는다는 점이 관건이다. 시적 이미지는 더이상 사물들의 적합성을 정신 안에 더욱 잘 고정하고 그 의미를 파악하게 하기 위하여 이 적합성을 강조하려고 하지 않는다. 오히려 시적 이미지는 난입을 통해 의식의 번득임을 야기하기 위하여 또한 탈합치를 행한다(이미 보들레르가 "파란색 머리카락, 긴장된 어둠의 별장……"이라고 말하듯이). 인간이 '된' 인간처럼 말라르메가 되는 말라르메에게 있어 이 행에서 저 행으로 전개되면서 '그려진' 장면은 정착되지 않기 위하여, 엄밀히 말해 변형된다기보다는 오히려 스스로를 부정하고 전도되는 데 이를 정도로 그 장면 자체와 분리되고 탈결속한다. 「성녀」에서는 천사의 날개가 중간단계 없이 악기를 대체하고 "악기의 날개"가 활성화된다. 처음 두 연에 놓인 "낡은 백단목"과 "낡은 책"은 노골적으로 다음의 두 연에서 제외된다. "낡은 백단목 없이"/"낡은 책도 없이". 이들을 받쳐주는 것은 장면에서 제거되며, 그것들을 통해 조직되고 표상의 토대로 사용된 적합성은 대놓고 거부된다. '장면의 연상'이 정신에 만족스럽게 받아들여질 그림이 되게 할 묘사의 적합성에 함몰되지 않게 하기 위해, 장면은 자기 자신과 탈합치하며 그리하여 모순이 정당한 것이 될 정도다. "……침묵의 악사."

근대시는 탈합치를 **실천한다**. 근대시는 탈합치를 사용하며 단지 그것을 예찬하는 데 그치지 않는다. 그러므로 근대시를 읽는다는 것은 탈합치의 "실천적 작업"에 우리 자신을 맡기는 것이다. 이런 탈합치의 실천적 작업은 재차 시적인 동시에 윤리적인 힘을 갖는다. 즉, 의식과 마찬가지로 삶의 도약을 가로막는 정신의 규범화된 구성에서 탈착하게 하는 힘을 갖는다. 탈합치가 예술뿐 아니라 실존에 속한다는 것, 즉 탈합치가 실존에서 비롯되기 때문에 예술에서 전개된다는 것은 랭보가 (1871년 5월 15일 폴 드므니에게 보낸) 「견자(見者, Voyant)의 편지」에서 선언하는 것이다. 이 편지를 다시 읽으면서 나는 다음과 같은 요청 하나를 중심으로 모든 것이 짜인 데 대해(젊음의 열정으로 모든 것이 절박한 데 대해) 놀라게 된다. 왜냐하면 핵심은 바로 탈합치이기 때문이다. "**모든 의미**의 길고 광대하며 숙고된 **탈규칙**"이 탈합치에 기여하고 있다. 또는 이 편지의 유명한 문구 "나는 타자다(Je est un autre)"[14]에 따르면, 주체의 한가운데 탈합치가 있다. 그러나 탈합치, 즉 모든 확립된 적합성의 초과와 동시에 그 분리를 가지고서, 그럼에도 불구하고 방법적인 무언가를 어떻게 만들어낼 것인가? 왜냐하면 한편으로 시는 적합성 및 그 도덕성으로부터의 벗어남으로 인해 "독"이고 "광기"이며 "방탕"이기 때문이다. 시는 최대한 "규범 밖"에 있는 사람("중대한 병자", "큰 범죄자", "매우 저주받은 자")의 길이다. "괴물의 영혼을 만들어내는 것이 관건이다." 그러나 시는 무질서를 일으키는 동시에 "숙고된 것"으로서 "최상의 학자(견자)"의 작품이다. 또한 이런 탈합치, 그것을 위해 끊임없이 "스스로 몰두하는" 악착스런 탈합치는 그것을 향하길 멈추지 않는 야심

---

14 '나'를 뜻하는 Je 다음에 존재동사 1인칭 'suis'가 와야 하지만 랭보는 3인칭형 est를 사용했다. 우리말로 옮기기는 어렵다.

을 랭보에게서 합법적으로 드러낸다. 이미 획득되고 도래한 것 **밖에서의** 대담하고 위태로운 돌파가 나타나는 것이다. 이 점에서 탈합치는 그야말로 실존적이다. 이는 랭보가 차례로 "새로운 것", "전대미문의 것", "미지의 것"으로 명명한 것을 향한 돌파다. 이처럼 탈합치는 그야말로 활성화며 나아가 유일하게 신뢰할 만한 활성화다. 왜냐하면 "규범이 된 중죄", 즉 채택되었기에 조정된 선택적 진화가 된 중죄 때문에, 이 탈합치의 시인은 랭보가 결론 내리듯 **"진보의 증식자"**이기 때문이다. 이 진보는 (진보주의자들의 진보처럼) 직선적이고 보증된 것이 아니라 그 "증식" 자체를 통해 모험적이며, 경계를 지을 수 있고 심지어 이미 식별 가능한 질서 안에 담기가 불가능한 진보다.

실제로 **탈합치는 활성적이다.** 또한 단정되고 결과적으로 매몰된 정합성의 바깥으로 빠져나와 이미 미래에 개입된 것을 통해, 보장의 결여로 인해 투사(投射)적인 어떤 것을 담고 있기까지 하다. 탈합치는 확정성에 빠진 적합성을 해체하는바, 이로부터 이탈을 통해 추진의 힘을 획득한다. 탈합치의 부정적인 것은 그것이 거부하고 공식화된 규범성과 반대로 나아가는 점을 이해한다는 사실로부터 이런 분란에서 힘을 이끌어낸다. 이 점에서 탈합치는 단순한 단절이 아니다. 탈합치는 수동적으로 깨지거나 찢어짐이 아니다. 탈합치는 상처가 아니다. 탈합치는 불화에 갇혀 있지 않다. ("나, 내 영혼은 상처 입었다"와 같은) 보들레르적 상처와 "길고" "광대하며" 밀도 있는 랭보적 탈규범은 이미 거리가 멀다. 보들레르적 상처는 자기 소리와 표출의 상실로 인해 자신의 울림을 더 날카롭게 하며, "쇠퇴"라는 보들레르적 상처의 부정적인 것은 무한정하게 내밀함을 획득하는 약화이다(「우울」). 그러나 랭보적 탈규범은 의도된 것이기 때문에 그 부정적인 것은 능동적이고 생산적이다. 달리 말하면 탈합치는 **균열**일 뿐인 것이 아니라 그 원리로 거슬러올라가게 한다. 다른 화가들 이후 클레(Klee)는 예술을 "체계 한가운데의 균열"로 파악하면서 예술이 지닌 단절의 힘을 말하고, **예술**이 세계의 일치와 기능성에 구멍을 냄으로써 그 자체로 해방의 역할을 하는 **간극**으로부터 무엇을 도입하는지 말한다. 그러나 그는 **균열이 어디서 비롯하는지**를 설명하지 못하기 때문에, 그가 열어놓는 거부가 과정의 차원에서 그 안에 담고 있는 창조적인 면을 밝힐 수도 없는 것이다.

근대 회화가 그 정도로 창조적일 수 있었고 위험을 무릅쓰며 모험적일 수 있었던 것은 그만큼 선행 회화와 탈결속하고 ('자연'과의) 적합성을 해체하는 데 엄격한 노력을 기울일 줄 알았기 때문이다. 자연과의 적합성은 선행 회화를 지원하고 강화했던 적합성이다. 창조성은 그것이 어떤 기적에서 비롯되는지 확인되지 않는 선언된 자유로부터 온다기보다, 확립된 정합성에 대한 **간극**이 곧이어 그 자체로 활성적이라고 할 때 이런 정합성에 도입된 분란으로부터 오는 것이다. 실제로 '근대 회화'라고 불리는 회화의 출현은 사유에서 중대한 사건이다. 적어도 근대 회화를 인상주의 이후에 나타난 것으로 이해한다면 말이다. 인상주의는 순간의 또는 '인상'의 합치를 감지하기 힘들게 정점에 이르게 하며, 동시에 모든 '정점'의 고유한 점이 그렇듯이 이미 다른 것을 향하게 된다. 왜냐하면 만일 근대 회화가 그림과 '실재' 사이의 합치에 저항하고 사람들이 숨기고자 한 그것의 우발적이며 따라서 자의적인 특성에 의혹을 품는다면, 이는 근대 회화 또한 나름의 방식대로 코페르니쿠스적 혁명을 실행함으로써 이 '실재'가 회화 예술을 **따르게** 된다는 것을 이해하기 때문이다. 그렇기 때문에 근대 회화는 의도적으로 **탈규범화**하고 "매우 잘못" 그린다. 미가 충만하게 합치하고 자기의 적합성-충족성에 안주하기 때문에 이미 죽은 것이라는 것을 우리는 아주 오래전부터 알고 있다. 그런 미는 더이상 가동할 것이 없기 때문이다. 그러나 이제 고전 회화의 합치-진리, 즉 '자연'에 확립된 합치-진리는 그 자체가 정신의 작위에 불과한 시각 장치로 나타날 뿐이다. 르네상스시대가 그토록 자부했던 정신의 (진리의) 쟁취인 원근법이 그 증거다. 원근법은 관점의 부동성과 배타성에 기인한 작위적 합치에 불과하기 때문이다. 그렇기 때문에 ('멀어져 보임'이 없게 하기 위해서) 앞에 있는 것이 이제 뒤로 물러나 있게 된다. 세잔의 탁자들은 바깥을 향해 기울어 있고 그림에서 빠져나올 준비가 되어 있으며, 이는 지각의 질서를 비틀거리게 하고 그릇을 두드러지게 하기 위함이다. 나아가 원근법은 포기된다기보다는 노골적으로 왜곡된다(피카소

폴 세잔, 〈사과 바구니〉(1895)

의 〈벽난로와 남자〉). 또는 우리가 보기에 거기서 모습을 드러내는 것과 그림의 제목이 대놓고 탈합치한다(큐비즘 양식의 모든 〈바이올린〉이나 〈기타〉).

또한 그렇기 때문에 근대 예술은 합치의 불가피하게 우발적인 특성을 감추고자 하기보다는 노골적으로 받아들이기로 결정한다. 로트레아몽[15]은 미에 관해 "재봉틀과 우산을 해체하는 탁자 위에서 우발적으로 마주친 것"이라고 말했다. 그리하여 근대 예술작품은 합치와 탈합치 사이의 또는 적응과 선

---

15   로트레아몽(Comte de Lautréamont, 1846~1870)은 랭보, 보들레르, 나중에는 초현실주의자들에게 중대한 영향을 끼친 것으로 평가되는 시인이다.

택적 진화 사이의 긴장 속에서 파악된다. 한편으로 근대 예술은 합치를 조직한다. 즉 한 사태가 다른 사태를 마주치고 그것과 동시에 '일어나며' 그것과 함께 일치가 추구된다. 그러나 다른 한편으로 근대 예술은 이런 방식 또는 저런 방식으로 이 일치를 탈합치하게 하여 이 일치가 '존재' 안에 기입되고 그 위에서 정신이 안착할 수 있을 적합성으로 정립되지 않도록 한다. 이런 적합성은 의식의 자각 능력이 꺼지게 놔두는 것이니 말이다. 근대 예술은 의식을 감추기보다도 오직 그로부터 의식이 나타날 수 있고 효력을 발휘하는 부정적인 것을 작동중인 것으로서 탈합치 속에 나타나게 한다. 왜냐하면 예술에서 탈합치는 결국 이것을 부정적인 것으로 명명하기 때문이다. 즉 이 부정적인 것은 효력을 발휘하며, 이 점에서 회화는 실질적으로 더이상 '자연'에 의거하고자 하지 않고 오히려 **무작위**로서 구성된다. 회화는 항상 이미 준비되어 있는 실재와의 일치를 통해 생각되기보다 오히려 무작위라는 고유의 규칙 안에서 자신의 타당성을 추구하고 그 규칙을 통해서 자기의 견실함을 찾는다. 그런데 예술작품은 오직 자기 자신에게만 의거할 수 있는바, ('미'와 같이) 그 안에서 스스로 만족할 수도 없다. 예술작품은 오직 빠져나오는 능력에 기대를 걸 수밖에 없고, 적합하고 조정되어 더이상 출현하지 않거나 도약도 없는 것 '바깥에 설' 수밖에 없는 것이다.

이 점에서 예술은 교훈이다. 그러나 사람들이 그토록 자주 말했듯이 단지 삶을 장식하기 위한 삶의 교훈이 아니며, 단지 자신의 삶을 조각할 것이기 때문도 아니다. 자신의 삶을 원하는 만큼 미적으로 만드는 것, 즉 '삶의 예술'은 유감스러운 개념이다. 이 개념은 지혜에 고유한 무모함의 포기와 타협하는 것이며 조화에 갇히는 것이다. 이와 반대로 예술에 고유하며 근대성이 근원적으로 밝혀주는 **탈합치**의 요청은 **실존**에 고유한 능력을 감각의 차원에 기입함으로써 이 능력을 즉각 작동시킨다. 예술과 실존은 그들의 공통된 기원을 탈합치에서 발견하며 우선 '창조'와 반대하여 공통된 기원을 발견한다. 예술과 실존은 새로운 것, 곧 전대미문의 것이 실질적으로 가능하다는 것을 발견한다. 그러나 예술과 실존은 정확히 그것이 순수하게 시초가 아니라는 사실로부터 그런 가능성을 발견한다. 예술과 실존은 그 새로운 것이 세계 및 세계의 조정된 적합성에 갇힌 상태 바깥에 서도록 하는 이탈과 **탈매몰**에서 비롯한다는 사실로부터 그 가능성을 발견한다. 또는 자기의 저항에서 무한을 전개할 수 있고 마침내 시작하게 해주는 대범함이 도래하는 것은 가능성들, 즉 의심되지 않았던 가능성들이 봉인되었던 경첩에서 **풀려나올**(out of joint) 때다. 요컨대 이런 것이 바로 각각의 예술작품이 나타내는 것이다. 세상의 첫번째 아침이 순식간에 앞으로 다가온 것이다.

탈합치의 정치

2017년 출간된 『탈합치』 국역을 마무리할 무렵 프랑수아 줄리앙 교수로부터 편지가 도착했다. 최근 유럽에서 코로나 바이러스가 재확산되면서 모든 것이 불투명해졌지만, 역자가 참가하기로 예정된 2020년 12월 국제 학술대회 〈탈합치: 신학에서 정치로〉의 개최 관련 정보와 더불어 '탈합치 연합'이 발족되었다는 소식이 전해졌다. '탈합치 연합'이 창립되리라는 사실은 『문화적 정체성은 없다』 국역 출간 직후 『탈합치』 번역을 진행하는 도중에 이미 알게 되었기 때문에 그 절차가 어떤 방식으로 진행될지 궁금하던 차였다. 역자는 연합 창립을 알리는 1쪽 정도의 예비 선언문을 몇 달 전에 전달받은 상태에서 줄리앙 교수의 편지에 첨부된 공식 선언문 원고를 받아보고 놀라움을 금치 못했다. '탈합치 연합' 창립 근거를 설명하는 선언문은 「탈합치의 정치」라는 제목의 A4 60쪽이 넘는 철학 저작이었기 때문이다. 역자는 즉각 『탈합치』 번역에 '탈합치 연합' 창립 선언문을 완역하여 부록으로 첨부하려는 생각을 했으나, 프랑스에서 이 선언문이 2020년 11월 단행본으로 출간된다는 소식을 듣고는 이 원고를 정리한 내용으로『탈합치』의 해제를 대신하는 것이 바람직하겠다고 판단했다.「탈합치의 정치」는『탈합치』에 대한 줄리앙 자신의 밀도 있는 해설이자 나아가 탈합치 개념의 정치적 확장을 다루는 내용인바, 역자의 해제를 대체할 최적의 글이라고 생각한다. 자연스럽게 이번 해제는 2019년 방한한 줄리앙 교수측으로부터 전달받은 원고「바깥으로부터의 해체」를『문화적 정체성은 없다』국역본 해제의 주요 논의로 활용한 것과 유사한 방식이 되었다.「탈합치의 정치」는 크게 세 부분으로 논의가 진행된다.

1. 철학적 참여

1) 의구심

'참여 지식인'은 익히 알려진 위상이다. 참여 지식인의 범주는 의문의 여지가 있다. 우선 사회학적으로 볼 때 지식인이라는 직업의 기준은 없다. 자신의 입장을 통해 사회에 영향을 미치려는 이가 지식인으로 간주되므로 사실 지식인의 개념은 본질적으로 이데올로기에 불과하다. 이 경우 지식인의 권위는 그의 명성에서 비롯된다. 한 지식인이 사회에 영향을 준다면 그 또한 사회를 통해 산출된 위상이기 때문에 지식인이라는 개념은 본질적으로 의심스럽다(마르크스의 비판). 나아가 지식인의 공적인 입장은 그의 명성에 따라 더 영향을 미치는 동시에 그의 명성을 더욱 증대시켜준다. 명성은 자격이 되고 그 유명세로 인해 인정되며 그의 저작과 무관한 이데올로기적 상표가 된다.

지식인의 힘 또는 그의 위상을 이루는 것이 여론을 움직이는 것이라면 사실 그것은 사유에 내재한 기준 때문이 아니다. 즉 지식인의 공적 입장은 그의 지적 작업에서 비롯되는 것이 아니다. 그의 입장이 미치는 영향력의 기준은 청취율에 따른 것이기 때문에 외적 기준일 뿐이다. 특히 오늘날의 미디어 사회에서 지식인의 영향력이라는 것은 저작의 중요성 때문도 아니고 심지어 단지 유명세 때문도 아니며 단지 그가 눈에 띄기 때문이다. 그의 사진이 실리고 텔레비전에 등장하는 횟수가 주요 요인이 된다. 지식인은 자신의 이미지를 자본처럼 관리하고 있다. 그의 업무는 미디어에 영향을 미치는 것이고 그의 생각에 대한 마케팅이며 자기 영향력을 키우기 위한 연출이자 과시이다. 지식인의 공적 차원은 광고가 되었다. 지식인은 대중과 함께하는 연극인이 된 것이다. 광대가 된 지식인들의 이름을 나열할 필요가 있을까?

사르트르는 좋은 의도에도 불구하고 서민, 노동자, 농민 등과 관련하여 그의 사유와 무관하게 자기 사진이 실리게 될 거리에서의 활동으로 '민중의 논고'를 팔았다. 게다가 관념적으로 옹호된 근거도 의심스럽다. 왜냐하면 지식인은 현장에 있지 않고 현장과 관련한 일에 결코 전문가가 아니며 제대로 된 정보도 없는 경우가 빈번하기 때문이다. 그는 다른 사람들보다 더 잘 알지도 못하고 현재 일어나는 일도 제대로 모른다. 게다가 관련 정보를 알게 된다고 해서 자신의 투쟁을 포기하지도 않는다. 그의 위상이 거기에 달려 있고 자기 명성에 묶여 있기 때문이다. 지식인들은 너무도 급히 자신의 입장을 표명한다. 대중이 그들의 판결을 기다리기 때문이다. 사르트르, 푸코, 부르디외 등이 예시한 참여 지식인의 위상은 오늘날 의심스러워졌다. 권력에 맞서도록 한 그들의 위대한 스승들이 지녔던 광대한 재능도 없는 광대 같은 모습에 대해 무엇을 말할 것인가?

2) 이데올로기적 참여 또는 철학적 참여

반면 엄밀한 의미에서 철학적 참여의 요청은 지식인의 그것과 달리 명백하다. 철학적 참여는 사회학적인 것도 아니고 이데올로기도 아니며 미디어의 차원도 아니다. 지식인의 정의(定義)는 모호하지만 철학자의 정의는 기초적인 것이다. 철학자는 질문과 개념을 통해서 작업하는 사람이다. 철학자는 질문과 개념을 가공하고 사용하면서 나아간다. 철학자는 결론을 채택하기 전에 체계적인 질문을 통해 진전한다. 철학자는 미리 구성된 표상이나 통념에 머무르지 않고 추상 작업을 통해 자신의 도구인 개념들을 생산한다. 지식인과 달리 철학자는 '직무'

를 갖는 것이다. 개념의 기능은 소통이 아니라 사유 가능한 것의 안에서 가동하는 것이다. 그리고 개념이 가동의 기능인 한 사회 안에서 작동할 수 있는 철학적 참여의 가능성이 정당화된다. 철학자는 질문과 개념화를 통해 '체험'의 즉각성에 거리를 두고 거기서 벗어나는 것이 사실이다. 이 때문에 철학자는 '참여하지 않는 자'라고 여겨지거나 비난받을 것이다. 그러나 철학자는 이런 즉각성에서 벗어나기 때문에 이론적 차원에서 체험으로 되돌아올 수 있다. 이와 같은 추상의 매개는 이론적 차원을 실질적 발판으로 제공하며, 이는 다시 공적이고 정치적인 경험을 포함한 경험을 형성하기 위해서다. 이는 경험을 단지 성찰하고 해석하기 위해서가 아니라 경험을 실천적으로 변형하기 위함이다. 경험을 해석한다는 것은 이미 경험을 변형하기 시작하는 것이기 때문이다.

나아가 철학자와 지식인을 구분했듯이 철학자와 사이비 철학자를 구분해야 한다. 사이비 철학자는 이론적 우회를 거치지 않고 그런 것에 개의치도 않으면서 마치 사태들을 직접적·결정적으로 다루는 듯한 모든 점에 대해 자기 의견을 내놓는다. 그리하여 사이비 철학자는 소비하기 용이한 의견 시장에 머문다. 그는 모든 문제에 의견을 내기 때문에 개념의 보편적 '전체'에 도달한 철학자로 여겨질지 모른다. 그러나 사이비 철학자는 사유를 더 깊이 파고들지 않은 채 평범함을 전방위적으로 관리했을 뿐이다. 정리하자면, 한편으로는 직무에 임하고 생산하는 철학자가 있다. 신중하게 진전되는 철학자의 작업은 **가공**의 철학으로 명명될 수 있을 것이다. 다른 한편으로는 미디어로 **소통**하는 철학자가 있다. 이런 철학자는 이미 구성되고 고착된 용어들에 머물러 있으며 이 합의된 용어들을 흐트러뜨리지 않은 만큼 편안하다. 이미 플라톤시대에도 철학의 탄생은 이런 억견 또는 의견 체제에서 이탈하고 그 가면을 벗겨냄으로써 이루어졌다는 점은 잘 알려져 있다.

철학자의 작업은 어떤 사안에 반응의 양상으로 개입하는 것이 아니라 그 상류에 개입한다. 철학자는 시간을 두고 성찰하며 니체가 말했듯이 '되새김질'을 한다. 철학자는 곧바로 의견을 내지 않고 토론 대상이 될 논증과 명제를 생산한다. 오늘날 이런 기초적인 관점은 이상하게도 은폐되고 있다. 오늘날 미디어 체제, 즉 즉각적 소비 체제에서 전면을 차지하며 주목을 끄는 것은 작업하는 철학자, 곧 가공의 철학자가 아니라 스스로 '지식인'임을 자처하는 미디어 철학자들인 것이다. 이는 논리적이고 나아가 숙명적인 일이다. 한 세대 전만 해도 프랑스에서 가장 잘 알려진 철학자들은 레비나스, 데리다, 들뢰즈 같은 가장 큰 (진짜) 철학자들이었다. 이들이 큰 철학자들이었던 것은 그들의 저작 때문이었다. 그런데 20년 만에 상황이 슬그머니 전도되었다. '철학자'의 자격으로 가장 널리 알려진 이들은 사유의 **껍데기**에서만 발전하는 사이비 철학자들이다. 그들은 자기들로 인해 실질적으로 관념들의 시장이 되어가는 곳에서

가짜 철학 상품을 팔아먹고 있다.

물론 이에 대한 논박은 가능하다. 사람들은 말한다. "일반 대중은 철학자가 아니다. 그들(사이비 철학자들)은 어려움 없이 읽힌다." 그러나 **의견을 내놓는 것**이 아니라 사유 속에서, 즉 질문과 개념으로 **작업**하는 이는 누구든 철학자이다. 추상 작업, 개념화, 문제 구성을 통해 **철학자가 되는 일**은 결코 완수되거나 충족되지 않는다는 것이 사실이다. 이는 전문성을 부과한다. 그러나 이런 전문성은 누구나 공통적으로 접근 가능한 것이다. 왜냐하면 개념의 고유한 점은 개인적인 차원과 일화의 수준을 넘어서 보편적인 것을 산출하는 데 있고 모종의 특수한 입문 과정을 필요로 하지 않기 때문이다. 또한 철학자가 된다는 것은 직무를 요청하지만 이 직무가 특정인에게 국한되는 것은 아니다. 철학자의 도구들은 이 사람에서 저 사람으로 넘겨지고 모두에게 경험으로 사용될 수 있다. 의견과 청취율의 '철학'이 시장을 뒤덮고 있는 이 시대에 철학에 남은 유일한 미래는 오히려 다음과 같은 것이다. 철학을 전공하지 않은 이들이 철학의 실천에 몰두하고 그 자체로 평등한 철학의 요청을 실행에 옮기는 것이다. 이런 점이 바로 민주주의에서 가능한 단 하나의 출발점이자 타당한 기초이다. 즉 각자가 실질적으로, 개인적으로 사유 훈련을 하는 것이다. 반면 **의견을 내는 것**은 타인의 조종에 쉽사리 말려들게 하므로 민중의 선동을 조장하는 것이다.

참여가 질문과 개념을 통해 철학적으로 이루어진다는 것은 철학적 참여가 설교나 포교의 차원이 아니라는 의미다. 이는 무제한으로 의견을 내던지고 끊임없이 나무라는 사이비 철학자나 지식인과 정반대다. 철학적 참여는 교훈을 주는 역할도 아니고 즉각적인 찬반 논리로 나아가지도 않는다. 물론 철학적 참여가 입장을 취하지 않는다는 뜻은 아니다. 오히려 토론과 찬반 논리에서 이미 정해진 위치를 점하는 데 서두르지 않는다는 뜻이다. 철학적 참여는 철학적 가공의 **정치적 차원**을 전개하는 것이다. 핵심 질문은 '나의 철학적 작업과 평행하게 내가 정당화된 것으로 인정하는 철학적 믿음에 따라 공감할 수 있는 정치적 입장을 채택할 것인가?'가 아니다. 오히려 진짜 질문은 '나의 철학 작업장, 거기서 가공되는 개념의 장(場)으로부터 실질적으로 정치적인 참여가 비롯할 수 있는가?'이다. 이런 질문을 던질 때 비로소 참여는 이데올로기에 갇히는 대신 철학적 참여가 될 수 있다. 결국 제기되는 질문은 다음과 같다. '개념이 무엇을 할 수 있는가?', '사회 안에서, 사회의 투쟁과 불의와 고통, 즉 사회의 변형 능력에서 개념이 할 수 있는 것이 무엇인가?'

3) 규탄 또는 탈합치

이런 질문은 우선 '탈합치' 개념을 다룰 필요성을 강조한다. 더욱 본격적인 정치적 차원에서의 탈합치를 어떻게 전개할 것인가? 쇠퇴해가는 오늘날의 상황에 대하여 어떻게 탈합치를 통해 공통적이고 실천적인 개입의 도구를 만들어낼 것인가? 우리를 위협하는 이화(異化)와 무의미에 맞서 '아니다'라고 말하는 것으로는, 즉 반대하고 **규탄**하는 것으로는 충분치 않다. 허용할 수 없는 일에 대해 '안 돼'라고 말하고 저항하며 규탄하는 것은 즉각적으로 타당하지만, 이는 반작용에 불과하다. 즉 이는 자연스러운 일이기 때문에 첫번째로 보이지만 사실은 사후(事後)에 속한다. 이런 경우 규탄은 각자의 책임이고 참여는 모두의 일이다. 이 단계는 직접적인 정치 투쟁의 단계다. 나아가 이처럼 맞서고 찬반이 대립할 권리가 고대 그리스부터 공동체의 공간을 조직했다. 반대할 수 있는 모두의 능력은 민주주의의 조건이 아니라 민주주의의 실행 자체다. '안 돼'라고 말하는 것, 저항하고 규탄하는 것은 모두에게 똑같이 공유된다. '판단'의 능력은 시민들에게 동일한 능력으로 정립된다. 이런 비판의 단계, 저항과 분노의 힘에 있어서 모두는 평등하다. 허용할 수 없는 일에 '안 돼'라고 말할 때 철학자 역시 다른 시민과 마찬가지로 한 명의 시민이다. 그러나 이것이 철학적 참여는 아니다. 이 경우 유일하게 중요한 것은 개인의 결정과 의지다. 분노한 대중을 본 적 없는 사람이 있겠는가? 이때 규탄은 특별히 누구에게 속한 것이 아니며 중요한 것은 결심과 용기뿐이다. 인정해야 할 점은 '지식인'이 선두에서 위험을 무릅쓰는 일이 드물다는 것이다.

이런 '지식인'이 대중의 '안 돼'라는 외침을 자기 것인양 탈취하고 독점하려 할 때 그는 의심스러워진다. 정의로운 대의의 명분으로 그가 자처한 격렬한 비판자 역할은 곧바로 포즈를 취하는 것이 되고 위선으로 선회하는 작위로 변한다. 마치 위대한 저항가인 것처럼 반대 입장을 관리하는 지식인은 금세 우스꽝스러워진다. 그는 다시금 이미지와 청취율에 매달린다. 그가 일말의 주저와 소심함도 없이 항상 목소리를 높여 싸울 준비가 되어 있다는 것은 사실 큰 용기가 아니다. 그는 이런 거짓과 과감성과 관련 담론의 안일함을 통해 나아가는 것이다. 모순이나 모호함에는 미리부터 눈을 감고, 일방적으로 한 입장에 매달리고 응수할 생각만 하는 사유의 태만과 마비에 의거하여 나아가는 것이다. 오류는 이런 극단성이 급진성으로 여겨지는 데 있다. 극단성은 연극적인 몸짓으로 향하는 과장인 반면, 급진성은 본질적인 것에 접근하고 최초로 거슬러오르는 것으로서 정신의 가장 까다로운 작업이다. 이런 점은 예술가들이 잘 알고 있다. 그러나 미디어는 분노의 외침을 선호한다. 미디어는 시스템을 이루고 시스템의 기능은 우리 사회에서 첫번째 권력이 되는 것이다. 오늘날 미디어는 언론을 능가한다. 그리하여 관리하기 쉽고 값싼 논쟁이 이루어진다. 이런 논쟁은 미리부터 정해졌기 때문에, 각자가 소비하기 용이한 입장을 갖고 있기 때문에 아무것도, 또 그 누구도 거북함을 유발하지 않으며 진행된다.

의견을 관리하는 자들에게 신념이 있을 수도 있다고 생각되겠지만 **의견**과 **신념**은 다르다. 신념은 논증되고 변론되는 것이며 설사 노출된다고 해도 설교되는 것은 아니다. 신념은 내밀함의 차원, 내 안에서 나를 이기며 나의 신봉에 부과되는 것이기 때문이다. 신념을 증언하는 일은 무거운 희생을 걸고, 나아가 자기 삶을 걸고 이루어진다. 그러나 의견은 겉으로 드러나 과시되는 순간 환심을 사려는 태도로 선회한다. 의견에서 신념이 될 만한 것은 유리한 입장 선택으로 전환된다. 그리하여 의견은 사이비 신념이 되어가고 몸짓과 표정으로 연기하는 극화의 대상이 되어버린다. 여기서 중요한 것은 결과뿐이다. 시기를 잘 택해야 하고 사진을 싣기 위해 기자를 부른다. 우리의 정치적 삶은 **입장**으로, 즉 경력에 유리한 입장을 취하기 위한 전략적 연기로 펼쳐지는 의견이 **신념**처럼 나타날 때 변질된다.

그러나 더 본질적인 문제가 있다. **규탄**은 사건 이후에 분노하는 것이고 반응이기 때문에 항상 그것이 반대하는 대상에 의존한다. 규탄은 단절 의도에도 불구하고 규탄 대상에 매여 있으며 그것을 통해 형성된다. 전복 욕망은 전복하려는 대상에 묶여 있다. 규탄한다는 것은 이미 일어난 일에 대한 응수를 통해 전복을 시도하는 것이고, 따라서 자기가 폐기한다고 믿는 것을 자기도 모르게 연장하는 순진한 행위다. 표명된 단절은 그것이 존속시키는 것이 무엇인지 모른다. 그렇다면 역사에서는 근본적으로 새로운 것을 드러낼 수 없고 부르짖을 수 없다는 말인가? 하지만 새로운 것이 모종의 과거에서 비롯되지 않는다면 대체 어디서 나올 것인가? 또는 그것이 완전히 새롭다면 어떻게 상황에 접목되겠는가? 그토록 낯선 것이 어떻게 역사에 합류할 것인가? 정치적 행동과 관련한 이 같은 이율배반에 대해 상류에 개입하는 다른 종류의 참여가 정당화되어야 할 것이다. **규탄**과의 간극을 통해 탈합치를 생각할 경우 그것이 이 이율배반을 해소함으로써 철학적 참여의 영역과 수단이 될 수 있다.

규탄은 전복하려는 사태에 적용된다. 사태는 위급하고 행위는 부과된다. 그러나 **탈합치**는 상황이 확립되고 고착화된 적합성의 막다른 길을 더 이른 개입을 통해 내적으로 해체한다. 따라서 탈합치는 상황을 합치의 죽음에서 벗어나게 하고 상황의 정체(停滯) 가운데에서 새로운 것을 다시 열어젖힌다. 탈합치는 선행 역사의 흐름과 노골적으로 단절하면서 새로운 시대를 드러내고자 하지 않는다. 탈합치는 선행 역사에서 아직 간파되지 않았고 거기서 생산력 없이 고착화되어가는 것을 해제할 수 있는 자원을 선행 역사가 전개될 때 생겨난 간극을 통해 그 내부에서 열어젖힌다. 규탄을 통한 '안 돼'의 외침이 부과될 때 마지막 단계에서 아무것도 할 수 없다는 점을 인정해야 한다. 더 정확히 말하면 '행동'만이 남는다. 즉 행동하고 쓰러뜨릴 일, 억지로 출구를 찾으려는 전략적 사유와 의지만이 남는다. 모순이 막혀버릴 때 유일하게 가동하는 것은 힘의 관계뿐이다.

이 경우 유일한 해소는 투표나 거리로 나가는 일로 환원되는 정치적 순간으로 대체된다. 물론 철학자의 역할은 저항의 외침을 어떤 경우에도 논증을 통해 저지하고 와해시키거나 지우거나 단지 완화하려는 시도가 아니다. 이 경우 그의 논증은 핑계거리거나 미루기에 불과할 것이다. 그러나 "더 이르게 개입하는" 탈합치의 정치가 어떻게 역사의 정체 상태를 미리 해체할 수 있는지, 역사의 내부 자체에서 다시 역사에 장래를 부여할 수 있는지 생각해야 한다.

4) 혁명인가, 혁신인가?

그러나 혁명의 문제가 남아 있다. 혁명은 근대성을 여는 역사에서 갑자기 과감하게 수행된 위대한 도약이다. 바로 이런 점에서 지식인은 역사적으로 자신을 정당화했다. 혁명은 비교적 최근까지도 지식인의 중요한 사안이었다. 역사에서 단절을 실현하고 상황을 근원적으로 변화시키는 것은 이론화 및 집결된 행동을 통해 가능할지도 모른다. 아직도 우리의 상상을 사로잡는 혁명에 반대하는 이유로 인류를 구원한다는 명분 때문에 치러야 할 대가를 내세우는 것은 충분치 않다. 즉 혁명이 급변을 산출하는 만큼 곧바로 복원 과정을 필요로 하며 단절은 그만큼의 반동을 야기한다고 주장하는 것으로는 충분치 않다. 마침내 이성의 구현을 믿게 해준 결코 지워지지 않고 지워질 수도 없는 열광의 순간이 있었고, 여러 번의 방향 전환과 이

탈과 실망에도 불구하고 인류는 용기와 희생으로 진전할 수 있는 순간을 보여주었다. 그러나 혁명에 대해 곧바로 야유하지 않고 그 위대함을 인정한다고 해도, 어쩌면 혁명은 이제 과거에 속한 것일지 모른다. 오늘날 혁명이 가능할 것인가?

이 민감한 문제에 대해, 현대사회에서 '대립적' 모순이 혁명을 내포하고 있는지 판단하기는 힘들다. 그러나 혁명이 가능하려면 혁명의 개념과 관련하여 적어도 두 가지 조건이 필요하다. 한편으로 18세기 계몽 사상가들이나 19세기 러시아 지식인 계급(intelligentsia)이 만들어냈던 혁명 이론과 같은 모델을 구상할 수 있어야 한다. 다른 한편으로는 미래에 대한 기대의 정립, 또는 역사 속에 부여된 희망이 있어야 한다. 그런데 이 두 조건은 오늘날 충족되지 않는 것으로 보인다. 전 지구적 차원에서 펼쳐진 세계는 모델을 구상하기에는 너무 복잡해졌고 지극히 많은 뒤얽힌 요인들로 조직되었으며 너무도 많은 상호의존성의 장이 되었다. 오직 격리될 수 있는 것만이 모델화가 가능한데 이는 오늘날의 글로벌 상황에 어긋난다. 나아가 미래를 구성하는 기대는 더이상 확인되지 않으며, 전복의 관념 자체는 의거할 토대가 무엇인지 또 무엇에 전념해야 하는지도 알 수 없다.

너무도 많은 변천이 매우 빠르게 진행중이기 때문에 우리는 '행복한' 미래를 꿈꿀 수 없다. 과거의 교훈을 무시할 수 없는바 행복한 미래를 믿지 않기 때문일 뿐만 아니라, 특히 혁명을 통한 미래는 미래의 위상 자체로 볼 때 너무 불확실한 것이 되었기 때문이다. 과거는 이미 존재하지 않고 미래는 아직 존재하지 않는다는 '현재주의'가 오늘날 통용되는 것은 현재에 대한 열중과 미래에 대한 의혹 때문이라기보다는 미래의 구상과 욕망에 대한 무능력 때문이다. 미래를 예측하고 계산할수록, 미래에 대해 투영된 프로그램을 구상할수록, 미래를 통제한다고 믿을수록 미래가 우리에게 말해줄 수 있는 것은 더 적어진다. 지구의 미래 자체가 보장되지 않는다는 점을 고려할 때 어떤 정치적 이상이 존재할 수 있겠는가? 제대로 협의되었던 그토록 많은 계획들을 혼란스럽게 만들어버린 현재의 전염병이 그 증거다.

가능한 혁명 이론, 가능한 이상의 투영이 더이상 없을 때 이제 혁명은 없고 소요만이 남는다. 소요는 견딜 수 없는 것에 반대하는 즉각적이고 반동적인 폭동이다. 시급한 필요성이나 폭력과 부정 앞에서 생겨난 소요는 허용할 수 없다고 판단된 것에 대해 '안 돼'라고 말하는 일에 불과하다. 동시에 소요는 그것을 인도하는 관념이 없기 때문에 조종되기도 쉽고 퇴행하기도 쉽다. 소요는 미래에 대해 투영된 구상이 없기 때문에 단지 거부와 소란의 결과를 통해서만 유지된다. 소요는 모델에 의거하지 않고 더 원대한 계획을 가공하지 않기 때문에 대의의 이점을 가질 수는 있어도 미래는 없다. 결국 소요는 아무것도 근본적으로 바꾸지 못한다. 이런 분노의 격동은 간신히 우위를 점할 수는 있겠으나, 주도권을 빼앗기거나 불발될 운명이다. 소요에 의거할 때 우리는 승리했다고 믿을 때조차도 과거로 다시 돌아간다.

혁명의 조건이 충족되지 않았을 때, 또 동력이 되는 것이 배고픔이나 분노가 아닐 때 혁명을 대체하는 것은 유토피아다. 유토피아는 사이비 혁명이다. 유토피아의 경우 미래에 대한 투영은 구성된 것이 아니라 환상을 통해 이루어진 것이다. 이상적 세계를 꿈꾸고 전복이 눈앞에 있는 것처럼 가능한 것을 멋대로 그려낸다. 이 경우 분석의 노력도 없고 떠맡아야 할 책임도 없으며 단지 얻어내야 할 호의만이 있다. 정치적 극단주의자들과 모든 포퓰리즘은 적은 노력으로 유토피아에 대한 선전 활동을 한다. 코로나 바이러스 이후에는 자동차도 비행기도 없을 것이고 항상 푸른 하늘이 있을 것이라는 식으로 말이다. 유토피아는 평이 좋고 헐값에 적절한 인식을 심어주는 것이 사실이다. 그러나 상상은 이미 알려진 것을 다른 방식으로 재조합하고 되풀이하며 과거의 것을 가지고 장식하는 일일 뿐이다. 상상은 현실의 원리에서 벗어나 있기 때문에 미래를 구축할 수 없다. 유토피아는 U-topia라는 어원이 말해주듯이 '장소'가 없는 허구적 담론에 그치는 것이며 집단적으로 유해하다. 유토피아는 행동을 마비시키는 환상의 효과를 민중 선동의 방식으로 관리한다.

정치적인 양상이 아니라 '기술적'인 양상에서 새로움을 꿈꾸는 다른 방식이 있다. 바로 '혁신'을 내세우는 것이다. 사람들이 더이상 혁명을 믿지 않을 때, 단절에 대한 매혹적인 호소는 즉각 권위를 부여받은 것처럼 보이는 과학에 의거하여 이어진다. 그런데 '혁신'은 공식 담론의 슬로건으로 간주되면서 유토피아가 아닌 신화의 보조제가 된다. 무능력에 대한 알리바이로 사용되는 창조자의 태도가 공공연히 자리를 잡는 것이다. 마치 '혁신'(창조)이 법령으로 정해지고 심지어 단지 행정적으로 촉진되는 것처럼 말이다. 주지하다시피 혁신은 오랜 기간 동안의 숙성을 통해 나타나지만, 한편 종종 뜻밖의 방식으로 출현하기도 하고 여백에서 때때로 변칙과 실패로부터 태어나기도 한다. 즉 혁신은 지엽적으로, 개별적으로 나타나고 이어서 구조적 효과를 전개하기도 한다. 그러나 혁신이 지난 세기의 진보처럼 전반적인 만병통치약으로 내세워질 경우, 우리는 오직 혁신을 부과하는 수사를 통해서만 유지되는 이데올로기적 교서(敎書)를 만드는 것이 된다.

이와 반대로 탈합치의 특징으로 제안되는 것은 단절을 내세우지 않고 새로움의 선포를 경계하는 개념이다. 탈합치는 스스로 죽었는지도 모르는 죽은 과거를 해체한다. 탈합치는 거대한 모델을 투영하지 않으며, 어디로부터 언술되는 것인지 알 수도 없는 경이로운 유토피아적 미래를 투영하지 않는다. 그러나 바로 이런 점에서 탈합치를 거쳐 미래가 다시 열릴 수 있다. 탈합치하에 제안되는 개념은 장엄하고 프로메테우스적이며 혁명적이고 구원해주는 증서의 힘에 의거하지 않는다. 탈합치 개념은 극적인 위대한 순간을 신뢰하지 않는다. 이런 순간은 서둘러 만들어내는 효과를 제외하고는 역사 속에 기반을 가질 수 없으며, 이런 효과의 충격과 대가는 그것을 약화하는 반작용을 항상 불러온다. 그리고 애초에 그처럼 위대한 대서사를, 심지어 역사의 대서사조차도 신뢰하지 않는 오늘날에 우리는 여전히 그것을 믿을 수 있는가?

그런데 탈합치가 투영된 위업이 아닌 **과정의 차원**에 속한다고 말하는 것은 그것이 이미 개시된 생성 가운데에서 작동함을 나타내는 것이다. 즉 진행중인 생성의 자원들을 그 전개 과정으로부터 가치화하는 것이 관건이다. 탈합치에서 부정적인 것은 외부에서부터 작용하는 것이 아니며, 선명한 대립의 마지막 단계에서 드러내놓고 큰소리로 규탄하듯이 맞서는 것도 아니다. 오히려 부정적인 것은 정립된 확정성, 심지어 아직 의심되지 않은 안착된 상황 가운데에서 그것에 내적으로 균열을 내게 해준다. 그리하여 아직 생각되지 않은 가능한 것이 간극을 통해 드러나게 된다. 즉, 탈합치의 예술은 간접적으로 은미하게 상류에서 작동하고 오직 상황 자체에 기인하는 부정성만을 가동하기 때문에 장대하거나 영웅적이진 않다. 그러나 바로 이로부터 부정적인 것은 효율적이고 나아가 상황에서 덜 떨어져 있는바 **실효성**을 갖는 것이다. 그렇다면 부정의 차원이 정치에서 구성되지 말아야 할 이유가 있는가? 더이상 사람들이 정치를 믿지 않게 된 오늘날 부정적인 것은 정치를 위한 기회이자 힘이 되지 않겠는가?

2. 탈합치는 가능성을 다시 연다

1) 합치는 죽음이다

우리가 '합치'를 말하는 것은 두 선이나 두 면이 포개졌을 때 정확히 겹치게 하는 애초의 기하학적 의미에서다. 이 경우 적합성은 완벽하고 모든 것이 끼워맞춰지며 아무것도 벗어나지 않는다. 그러나 이런 온전한 일치는 죽음이다. 아무 일도 발생하지 않는다. 모든 것이 조정되고 합치하는바 움직일 것이 없다. 결여도 작동도 긴장도 넘침도 없다. 모든 것이 잘 '붙어 있기' 때문에 어쩌면 정신의 만족이 있을 수도 있다. 그러나 만족의 상황, 더이상 아무런 부정적인 것도 작동하지 않는 정립의 포화 상황은 이미 생산력이 없는 상태다. 그것은 확정성에서 정체된다. 경화(硬化)와 부동성만이 이어질 뿐이다. 이와 같은 완전한 일치 상태는 침체와 무감각, 결국 무기력의 상태이다. 합치는 죽음이다. 이런 단형화와 질서는 완전한 내적 퇴화를 입증한다. 이런 점은 다양한 경험 영역에 전반적으로 해당된다. 탈합치를 정치에 적용하기 전에 탈합치의 논리와 개념을 살펴볼 필요가 있겠다.

산다는 것 자체가 합치하는 것이라고 간주할 수 있을지 모른다. 나아가 살아 있다는 것은 세상뿐 아니라 자기 자신과 단절 없는 합치 속에 있는 것이며, 바로 이것이 산다는 것에 대한 정의라고 할 수 있을지 모른다. 이런 합치는 내가 살아 있음을 느끼게 해주는 외적인 동시에 내적인 나의 지각을 이미 구성하였을 것이기 때문이다. 이런 합치가 나의 현재를 정의하며 합치의 이런 현재가 나를 살아 있게 한다고 말할 수 있을지 모른다. 그러나 이는 핵심적인 두 가지 사실을 간과하는 것이다. 한편으로 현재의 순간은 그 흐름에 포착되지 않고 끊임없이 빠져나가는 것이므로, 이런 합치는 결과적으로 그 원리에서 의심스럽다. 그뿐만 아니라 특히 삶의 가능성 자체를 이루는 능력은 상세히 살펴보면 그 반대에 속한다. 즉 끊임없이 탈-합치한다는 사실, 안착된 합치를 계속 해체한다는 사실로부터 삶의 현상 자체, 다시 말해 생생하게 살아 있는 한에서의 삶의 현상 자체가 비롯되는 것이다. 왜냐하면 쇄신으로서의 산다는 것이 무엇인지 잘 이해해야 하기 때문이다. 실제로 산다는 것은 영속을 위해 이전 상태를 연장하고 지속시키는 것이 아니다. 왜냐하면 이전 상태가 계속 지속될 경우 굳어지고 해체되고 죽음을 향하기 때문이다. 산다는 것은 오히려 이전 상태에서 벗어나는 것이고 밀착 상태의 결속을 지속하는 것이 아니라 그것을 깨는 것이며, 이는 그로부터 새로운 것이 계속 나타나게 하기 위함이다. 즉 산다는 것은 '현재'라고 일컬어지는 상태에 이른, 따라서 그 상태의 고갈에 이른 적합성으로부터 떨어져나와 삶을 다시 가동하기 시작하는 것이다. 산다는 것은 계속해서 살기 위해 이전 상태에서 단절 없이 탈-합치하는 것이다.

지상낙원에서 아담과 이브는 '합치'한 것이 사실이다. 그들은 '행복하게' 살았다고 여겨지지만 실질적으로 삶을 살았는가? 그들의 삶은 (이들이 행복이라는 것을 알았을까?) 실존하지 않았다. 그들은 창조의 질서와 일치하는 적합성 속에 흡수되어 있었다. 그들의 삶은 분리도 없고 어렴풋이 계획된 분란도 없는 완벽한 적응의 세계에서 출현한 것이 아니다. 그들은 이 정립의 포화 상태, 에덴에서의 격리와 단조로움의 상황 내부 자체에서 사과를 먹어야 했다. 이 기존 질서에 균열의 생산력을 들여놓고 그들을 포화 상태와 충족성에서 빠져나오게 하는 간극을 벌려야 했던 것이다. 따라서 그들의 삶이 출현한 것은 유혹하는 뱀 같은 형태하에 외부로부터의 저주 섞인 악마적 개입에 의해서가 아니다. 오히려 무기력해지고 삶이 삶으로 전개되는 것을 막는 이런 갱신의 질서에 내재하고 필요한 균열에 의한 것이다. 생동적인 삶, 미지의 영역에 열려 있고 모험을 감행하는 위험을 무릅쓰는 삶이 개시되는 것이다. 그들이 낙원으로부터 벗어나고 추방된 자로서 규탄된 것은 거꾸로 그들이 이제 시작되고 위험에 처하면서 활성화된 자기 성찰의 삶에 진입한 것으로 고찰할 수 있다. 요컨대 의식과 주체의 가능성은 합치하고 적응하는 세계의 능력, 즉 세계를 이루는 능력에 균열을 일으킴으로써 비롯되는 것이고 '인간'으로서의 활성화는 거부에 이르는 불만족에서 생기는 것이다. 이때 거부는 (그 가족주의 때문에 지나치게 안정적인 표상인) '복종'의 거부라기보다 생산력을 잃은 적합성 안에서 지탱하는 합치의 거부다.

또는 인간과 관련된 정합성을 형상화하는 대신에 신으로 투영되고 표상된 정합성을 고찰할 수 있겠다. 오늘날 신을 명명하는 것이 아직도 의미가 있다면 필시 그것은 '신'을 탈합치로 명명하면서 원리로 승격할 때 가능한 일이다. 신(성부)은 자기 자신으로부터 (그의 아들로) 탈합치함으로써 ('성령'으로서의) 신 안에서 능동적으로 스스로를 활성화한다. 또는 생명으로서의 신은 십자가 위에서 노예로 죽음으로써 생생한, 달리 말해 '영원한' 삶을 활성화하기 위하여 자신과 가장 멀리 탈합치한다. 즉 신은 자기 자신과 탈합치함으로써 자신과 긴장관계에 들어간다. 왜냐하면 자기 자신과 합치하고 자신과의 결합과 완벽한 일치 속에서 자기 자신과의 적합성을 누리는 신은 생산력이 없기 때문이다. 이 경우 신은 신의 무능력에 있다고 할 수도 있겠다. 또는 신 안에 갇혀 있고 자기 자신에게 온전히 흡착되거나 자기 자신, 즉 숙명적으로 자기의 본질이 될 것, 달리 말해 자신과 탈결속하지 않고 자신을 타자에게 여는 내적 간극 없이 자신과 합쳐진 신은 신 안에서 퇴색되거나 억제될 것이다. 「요한복음」 서언에서 강조하듯이 오히려 신은 그가 스스로 자기 자신과의 간극을 벌리는 한 자신 안에서 실효적이게 된다.

탈합치 논리는 진화론에도 적용된다. 진화의 각 단계에서,

장차 인간이 된 것은 선행 상태에 갇혀 있는 대신 그 상태로부터 탈합치했다. 즉 자기의 적합성에서 탈착한 것이고 안착된 기능성(규범성)으로부터 탈-결속했으며 환경 및 그 충족을 이룬 것과 간극을 벌린 것이다. 이에 따라 인간은 그의 조건에서 빠져나왔고 새로운 가능성을 열었으며 미래를 발견했다. 이런 가능성은 처음엔 위태로웠지만 곧이어 점점 더 축적되고 활용되었다. 인간은 탈-적응했고 선택적 진화를 한 것이다. 인간은 일어섰고 걷기 시작했다. (유인원에서 영장류과로, 아과亞科 사람종種으로, 또는 사람종의 변화로서 호모 하빌리스에서 호모 에르가스테르 등으로) 인간의 역사는 자연과 탈합치한 역사다. 이 과정에 단절은 없다. 동물성의 최초 형태로부터 장차 인간이 된 것 사이에 불연속은 개입되지 않는다. 다른 한편으로 이런 이행 과정에서 근원적으로 새로운 것, 전대미문의 가능성이 출현했다. 인간은 걷고 사유하기 시작했다. 이와 같은 전개 과정의 한가운데에 도약과 이탈이 있었던 것이다. 결코 끝나지 않는 탈합치를 통해 내적으로, 즉 기적 없이 새로움의 출현이 일어나는 것이다.

2) 작동중인 탈합치

탈합치가 의미하는 바는 정확히 다음과 같다. 즉 여태껏 생각되지 않았던 새로운 가능성이 선행 적합성과의 간극을 통해, 그리고 이 적합성의 규범성에 갇힌 것(이로부터 자기도 모르게 퇴화된 확정성이 그 내부 자체로부터 파열된다)에 대한 불만족을 통해 열리면서 발견된다. 적합성은 자기 안에 안주하고 격리됨으로써 생산력을 잃고 더이상 아무것도 개시하지 않는 바로 그 적합성 자체로 인해 해체되는 것이다. 그런데 이는 우리가 충분히 성찰하지 못했으나 매우 많은 경험을 통해 확인하는 것이 아닌가? 예술가는 (지나치게 '조물주'와 연관된 신화적 용어인) '창조자'라기보다도 끊임없이 탈합치하는 사람이다. 예술가는 지금까지의 충족에 대해 끊임없이 불만족하고 항상 스스로를 문제삼는 사람이다. 그러나 '불만족'이란 너무 심리적 차원의 용어다. 더 정확히 말해 예술가가 실질적으로 예술가인 것은 그가 예술의 현상태와 탈합치하는 한에서다. 예술가는 현재 예술로 인정되고 찬양되는 것에 대해 은미하게 간극을 벌릴 때 비로소 예술가일 수 있다. 공인된 예술은 자기 본질을 구성하고 자기 스스로는 보지 못하는 테두리 안에서 맴돌고 있을 뿐이다. 모든 가능한 분류는 분류되었다는 사실로 인해 이미 막혀버린 것이다. 새로운 작품이 전개되고 실효성을 갖는 것은 이미 순응, 한정, 고정의 상태가 되어버린 것과 분리되면서 열린 간극의 긴장 속에서 가능한 일이다.

　'창조자'로서 예술가는 계획이나 엄밀히 말해 새로운 기획이 없다. 계획이나 기획이 갑자기 어디서 올 수 있겠는가? 그런 것들은 지극히 추상적인 가설에 불과하며 최선의 경우라 해도 고정 관념에 불과하다. 오히려 여태껏 개척되지 않았고 창작의 여지를 부여하는 자원이 드러나고 해방되는 것은 예술가가 부과된 적합성과 적응, 그리고 부과됨과 동시에 이미 갈라지기 시작하는 적합성과 적응을 탈-봉인(封印)하고 그것에 균열을 일으키는 데 이를 때다. (세잔이 루브르 미술관에 매일 가면서도 말했듯이) '루브르를 불살라야 한다'는 것은 결코 우상 파괴론이 아니다. 루브르는 이미 만들어진 것이고 그 자체로 루브르가 전시하는 완벽함 속에 있는바, 장차 행해야 할 것에 방해가 되는 동시에 앞으로 해야 할 일의 요청을 나타내기 때문이다. 나아가 예술가는 단절(혁명)을 나중에서야 선포한다. 즉 새로운 작품이 산출되고 적어도 단절을 정당화할 정도로 충분히 예감한 후에야 단절을 선포하는 것이다. 예술가가 계속해서 예술가로 남는 것은 자신이 이미 이룬 것으로부터 탈합치할 줄 알고, 자신의 성공을 부정적으로 느끼기 시작하며, 이미 이룬 자기 작품과 간극을 벌림으로써 거기서 자기 작품을 다시 가동할 긴장을 발견할 때뿐이다.

사유도 마찬가지다. 사유한다는 것은 이미 사유된 것, 즉 이미 내가 사유한 것으로부터 탈합치하는 것이다. 이미 사유된 것의 적합성 자체로 인해 퇴색된 적합성이 이 사유된 것의 내부 자체에서 해체됨으로써 사유가 다시 작업장에 놓일 수 있다. 어떤 철학자가 위대한 것은 오직 그가 선행 철학들로부터 탈합치할 줄 알았기 때문이다. 그가 선행 철학자들을 '비판한다'고 말하는 것은 제시된 논증의 피상적인 점에 그친다. 또는 각 철학자가 선행 철학자에 대해 '아니다'라고 말할 때 단절과 규탄으로서의 이런 부정은 어디서 오는 것인가? 그것은 선행 사유가 자기 확정성을 통해 타당성을 확보하는 고정 장치를 간극을 통해 우선 하나씩 점진적으로 해체하기 때문이다.

아리스토텔레스가 아리스토텔레스인 것은 플라톤과 단절했기 때문이 아니다. 어떤 명목으로, 또 어떤 수단으로 그렇게 했겠는가? 오히려 플라톤의 정합성과 점진적으로 탈합치하고 그로부터 이탈하면서 플라톤주의가 보지 못한 가능성을 열어놓았기 때문에 아리스토텔레스는 아리스토텔레스가 된 것이다. 이처럼 철학사는 끝없이 계속되는 탈합치 과정의 역사다. 사유를 매번 다시 긴장 속에 넣되, 진보하는 것이 아니라(누가 플라톤보다 더 잘 사유하겠는가?) 사유 가능한 것의 장(場)을 새롭게 펼침으로써 사유를 더욱 활성화하도록 해주는 간극의 과정에 대한 역사인 것이다. 그렇지 않다면 철학사는 지겨운 것이 될 것이다. 줄리앙 자신이 그리스 연구 이후에 중국으로 간 것은 도피나 이국 취미의 욕구 때문이 아니라 유럽철학으로부터 탈합치하기 위해서였다. 우선 존재나 신에 대한 사유와 같이 너무도 동화되어 안착된 유럽철학의 정합성에 대해 간극을 벌림으로써 사유를 다시 가동시키기 위해서였던 것이다.

정착된 적합성은 생존을 가능케 하는 동시에 다른 출구를 닫아버리며, 확정성은 작위성으로 인해 중복되고, 안착된 것이 약화된다는 것은 실천적으로 무한정하게 확인된다. 이 모든 점은 가장 널리 공유된 경험에 속한다. 그러나 이런 점을 더 잘 활용하고 가능한 전략으로 활성화하려면 어떻게 사유해야 하는가? 모든 경영자들은 잘 알고 있다. 상황이 잘 돌아갈 때 잘 돌아가는 것으로부터 탈합치해야 한다. 잘 돌아가는 것은 그 사실로 인해 이미 정체(停滯)에 빠지기 때문이다. 그러나 이런 점을 정면으로 규탄하는 것은 아무 소용이 없다. 잘 돌아가는 것, 그 때문에 생산력을 잃어가고 있는 것에 대해 손가락질을 할 수 있는가? 개입은 간접적일 수밖에 없다. 모든 적합성 속에 고정되고 화석화되며 단기적인 것이 되고 모든 성공에 생산력 없이 끼어드는 것을 격퇴하는 것이 관건이다. 따라온 길에서 여백으로 남아 있던 것, 의심하지 않은 채 버려둔 것에 의혹을 품어야 한다. 즉각적으로 '혁신'을 주창하고 그 창조성에 호소하는 것은 순진한 바람일 뿐 아무 소용이 없다. 오히려 틀을 이루고 구석으로 몰고 가는 구도에서, 잘 돌아가기 때문에 사람들이 천착하는 방법으로부터 탈합치하고 탈착할 줄 알 때 비로소 실질적으로 무엇인가를 가동할 수 있다.

중재자는 판사나 변호사와 어떻게 구분되는가? 판사나 변호사는 소송 당사자 각각이 자기의 적합성을 입장으로 세우는 자기의 권리와 합치하는바 찬반을 조직한다. 그들은 대립을 정면에서 심리(審理)함으로써 최종적이고 결론적인 판결을 통해 이 대립을 해결하고자 한다. 그런데 중재자는 오히려 각각의 입장에서 볼 때 정합적인 적대 논증들로 확립된 벽에 균열을 내려고 시도한다. 이에 따라 맞대면 속에 편차를 도입함으로써 각각의 소송 당사자가 스스로 자명하다고 간주하는 입장에서 탈합치하고 정당한 자기 이익으로 간주된 것에서 탈착하도록 하며, 자기 자신과의 간극을 벌림으로써 그로부터 이탈하기 시작하도록 한다. 이로써 게임이 다시 시작되고 조정의 여백이 전개되며 점차 각 입장의 초과가 작동한다. 그리고 이로부터 기대하지 않았던 자원들이 풀려나온다. 이는 상대방을 조종하여 결국 자기가 바라는 쪽으로 몰고 가기 위해서가 아니다. 오히려 시작된 중재의 한가운데 각각의 당사자가 이전에 예상하지 못했던 가능성이 과정의 차원에서 나타나게 하는 것이다.

개인 주체의 관점에서 볼 때 정신분석은 탈합치의 기술이 아닌가? 주지하다시피 정신분석가는 신경증 환자가 광기 속에 있을지라도 그의 정합성에 적응한다. 환자에게 그의 '증례(症例)'를 직접적으로 대놓고 설명하며 그를 규탄하는 것은 아무 소용이 없다. 환자는 그것이 자기와 무관하다고 생각하며 그 내용을 이해하지도 못한다. 그 어떤 '증서'도 그를 도울 수 없다. 오히려 그가 자신으로부터 탈-적응하도록 도와야 한다. 따라서 정신분석가는 환자가 자기의 명증성 속에 안주하며 갇혀 있는 것으로부터 탈합치하고 심적 균열을 드러내도록 함으로써 간접적으로 또 과정적으로 개입할 수 있을 뿐이다. 환자가 자신의 성채를 이루고 있는 것을 점차 무너뜨리고 탈-봉인하기 시작할 수 있는 방식으로 말이다. 그 결과 그의 앞선 삶과 간극이 벌어지고 그 안락함에서 벗어나면서 강박을 고정하는 장치가 해체되어 기대하지 않았던 가능성이 드러나게 되는 것이다. 이처럼 **제2의 삶**이 나타난다.

모든 실천이 계속 작동하고 그 효과가 멈추지 않으며 가능성을 다시 열고 가동하는 것이 탈합치에 의해 시작된다면, 다양한 영역을 탈합치 원리에 따라 열거할 수 있다. 예술은 전형적인 사례. 가시적인 것 가운데에서 무엇인가 출현하게 하고, 자기 적합성 속에 안주할 때 상실되는 것으로부터 분리시키는 것도 탈합치. 탈합치는 긴장을 다시 유발하고 재가동한다. 건축, 음악, 연출 예술, 경관 예술 등도 마찬가지다. 일단 사람들을 놀라게 하는 탈합치의 특징은 그림을 잠들게 하는 일치성에서 깨어나게 하고 실질적으로 다시 나타나게, 또는 마침내 나타나게 한다. 이는 고전적 작품들의 경우도 마찬가지다. 그러나 탈합치가 규범성으로부터 벗어나게 한다는 점을 밝히는 것만으로는 충분하지 않다. 어떻게 탈합치가 상황에 개입되는지, 그리고 어떻게 탈합치를 통해 실효성이 재개되는지 설명해야 한다.

3) 탈합치의 논리

실제로 탈합치의 논리에 진입하려면 '실재적인 것'을 실효적으로 이루는 것에 대한 우리에게 익숙한 표상들을 문제삼아야 한다. '실재적인 것'이라는 표현을 쓴 것은 '실재'라는 용어가 이미 너무 드러나고 굳어버린 것이기 때문이다. 우리의 지성은 규정의 명확성, 세분화의 명료성에 천착하며 이에 따라 비극적으로 대립을 실행하고 극화한다. 이 때문에 지성은 잠재성이 어렴풋이 드러나면서 생성이 실질화되는 이행 과정의 개시를 간과한다. 이미 실현된 것(더이상 창조적이지 않은 것), 이미 드러나 펼쳐진 것, 그래서 퇴색된 것, 같은 형태 속에 매몰된 적합성에 대한 내적 균열을 통해 탈합치를 사유하는 것은 명시적인 단절에 대립함으로써 분별력을 이끌어낸다. 즉 단절은 노골적인 분리이기 때문에 결과적이고 최종적인 모습이다. 반면 균열은 아직 분리되지 않고 오히려 과정에 들어가며 조밀성에 작용을 가하는 작은 금(fissura)이다. 균열은 과정의 연속에 은미하게 개입된다. 단절은 행위와 사건에 속한다. 단절은 가득찬 것으로서 하류에서 확인되는 반면 균열은 상류에서 간신히 포착된다. 그러나 균열은 최소의 것임에도 그것이 열어놓는 미래를 통해 결정적인 것이 된다.

이 점에서 탈합치는 간극의 힘과 연결되고 간극의 힘을 이어받는다. 탈합치는 간극을 생성에 통합하는 동시에 간극을 통해 전개된다. 탈합치는 간극의 출발점을 나타내는 동시에 간극의 생산력을 나타낸다. 탈합치에서 간극의 출현은 계보학적으로 지각된다. 즉 간극이 열리는 것은 탈합치를 촉발하는 내적인 차별을 통해서다. 간극이 규범과 일치로부터 벗어나게 함으로써 무력화하는 상실과 정체(停滯)의 내포된 귀결이 탈합치를 통해서 논리적으로 이해된다. 왜냐하면 모든 실존은 자기 적합성 속에서 정착되고, 꽉 채워진 자기 정체성 속에 갇히며, 달리 말하면 자기의 본질이 되는 것 안에서 고정되고 사물화될 우려가 있기 때문이다. 실존을 고착된 자아로부터 이탈시킴으로써 자아에서 해방하면서 자기 자신으로부터 탈착하게 하는 간극을 열 때 비로소 실존은 이런 숙명에서 벗어날 수 있다. 합치가 그 자체로 죽음이라면, 존재의 숙명을 무력화하고 존재의 예고된 미래로부터 이탈하며 존재의 축에서 벗어남으로써 아직 생각되지 않은 전적으로 새로운 가능성을 다시 여는 것이 탈합치의 소관인 것이다.

탈합치의 이런 논리는 좀더 상세히 살펴볼 필요가 있다. 탈합치의 논리 없이 **탈합치의 정치**는 이해될 수 없다. 일견 합치는 정립으로서 긍정적인 것으로 여겨질 수 있다. 적합성, 정합성, 안정성 등은 일체를 이루고 보증하며 안심시켜주는 특성이라는 것이다. 이 특성에 반대되는 것은 결함이고 결여이며 따라서 부정적인 것으로 여겨질 것이다. 그러나 정립으로서의 이런 긍정적인 것은 존재 안에 안착함으로써 확정성에 매몰된다. 그리고 이런 확정성은 인위성으로, 달리 말해 그 자체로 비어서 종결된 사이비 정립에 함몰된다. 교조주의 안에 고착화된 '기성' 종교들(religions positives)을 생각해보라. 즉 정립은 자신의 적극적인 규정에 안착하고 그 규정 안에 격리되고 안주하며 자기만족을 드러냄으로써 정립 능력을 상실한다. 이런 정립

능력은 더이상 작동하지 않는바 퇴색되고 가동하지 않으며 자신의 외관이나 환상 속에 있을 뿐 더이상 활성화하지 않기 때문이다. 더이상 활성화하지 않는다는 것은 바로 매몰되는 것이다. 그렇기 때문에 포화 상태에 이르면서 잠들어 있고 생성에 대해 닫히며 결과적으로 부정적인 것이 되는 이런 확정성을 해체함으로써, 즉 확정성을 그 합치 속에서 강화하는 내적 적합성에 **균열을 냄으로써**, 따라서 확정성 자체로부터 출현하는 **간극을 통해서**, 그리고 확정성을 이탈시키고 그 자체로부터 탈합치하게 함으로써 활동이 긴장 속에 놓이고 미래가 다시 전개되는 것이다. 실존이 본질 안에 함몰되는 대신 본질이 다시 실존의 긴장 속에 놓이는 것이다. 정립은 확정성에 안착하면서 부정적인 것으로 전도된다. 이 부정적인 것은 탈합치를 통해서 결여를 다시 드러내고 그런 확정성을 결함 속에 놓으며 **실질적으로** 긍정적인 것으로 드러난다. 부정적인 것만이 치명적인 확정성에 매몰된 상황을 구제하는 출구를 그려내고 부정의 능동성을 통해 쇄신의 담지자가 되는 것이다.

실천적 차원을 논하기 전에 다음과 같이 추상적 논의를 좀 더 이어갈 수 있을 것이다. 즉 현전은 결코 그 자체와 합치하지 않는다는 것, 또는 현전의 충만은 결코 없으며 현전에는 항상 부재가 섞여 있고 따라서 '존재'는 항상 반송의 구조에 잡혀 있다는 것은 존재의 사유를 해체한다. 이런 점으로 인해 목소리나 존재로서의 현전에 대한 거대한 유럽적 신화가 규탄된다. 이 때문에 의미 작용과 마찬가지로 지시 또는 참조의 질서에서 의미의 절차가 작동하는 것을 멈출 최종 막음쇠는 결코 발견되지 않는다. 또는 언어에서 기호는 포화 상태를 무한정하게 연기할 때만 '작동한다'. (데리다가 강조하듯이) '차연' 개념은 탈-존재론적으로 또는 존재론을 규탄하면서 이런 점을 묘사했다. 그러나 이런 점을 어떻게 활용할 것인가? 탈합치 개념 역시 이 진리와 마주친다. 그러나 탈합치 개념은 이 진리를 애초부터 과정의 차원에 포함시키고 따라서 실질화 및 모든 출현의 질서에 통합함으로써 맞이하는 것이다. 그리하여 탈합치 개념은 단지 사변적이 아니라 실천적인 기능을 갖는다. 탈합치 개념은 예술, 경영, 치료, 관리 등에서 작동중이다. 탈합치 개념은 효력의 획득과 관련해서 전략적 사명이 있으며, 또한 실존에 접근하게 해주므로 윤리적 사명이 있다. 이로부터 또한 정치적 용도가 도출될 것이다. 이와 같은 이론적 우회를 통해 탈합치 개념은 엄밀한 의미의 철학적 정치 참여 도구로 제안될 것이다.

4) 탈합치와 실존

진화의 단계마다 자신과 탈합치하고 자신의 현재 조건으로부터 선택적 진화를 하며 그것에 균열을 냄으로써 새로운 가능성으로부터 출현하여 '인간'으로 활성화되어야 했던 것은 단지 '인간'으로 진화된 것만이 아니다. 또한 산다는 것은 선행 상태로부터 탈합치하고 우리가 이미 겪은 것과 간극을 벌리며 자신의 순응성과 탈결속함으로써 삶을 그 자체로 쇄신하는 것만이 아니다. 자신과 합치한다는 것, 즉 자신을 더이상 초과하지 않은 채 '자기 자신'과의 완전한 일치 및 겹침 속에 있는 것이 행동의 굳어진 특성들로 구성되는 자아의 화석화임을 이해한다면, 삶의 외양이나 사이비 삶에 불과한 사물화된 삶과 반대로 진정으로 산다는 것은 이런 자아가 갇혀 있고 타인들에게 알려진 자신의 순응성, 달리 말하면 '성격'을 이루는 합치를 해체하는 것이라는 점도 이해가 될 것이다. 이런 자아는 경화된 자아이자 이미 죽어버린 자아다. 여기에는 반박하기 힘든 윤리적 경험의 평범함이 있다. 자신과 탈합치하는 것은 폐쇄되고 굳어진 자아 안에서 퇴색되는 대신에 자신의 바깥에 서도록 해준다. 이는 라틴어 ex-sistere가 정확히 어원 그대로 말하는 의미다. 이로부터 우리는 정체되는 대신 도약의 삶을 살게 된다. 즉 전적으로 새로운 가능성을 끊임없이 여는 것이다. 탈합치는 심리적 차원을 넘어 바깥에 서려는 요청에 부응하는 실존의 윤리로 전개된다. 아마도 이 요청만이 최선의 경우에도 '바깥에 서기'의 결과에 불과한 것이 될 모든 의무와 도덕의 상류에 있는 것이다.

탈합치는 자아와의 관계 및 타자와의 관계 두 가지 측면에서 윤리적이다. 한편으로 탈합치는 자아가 갇혀 있는 적합성과 조정을 해체함으로써 삶을 거기 고정된 것을 넘어서는 실존 능력에서 전개하도록 해준다. 다른 한편으로 우리는 자아와 탈합치함으로써 타자에 접근할 수 있고, 사회에서 단지 삶의 겉치레로 타자와 교제하거나 타자를 자신에게 동화시키는 대신 타자와 실질적으로 **만날 수 있다.** 타자와의 관계는 항상 철학을 사로잡은 문제였다. 나를 타자의 의식에 연결해주는 것은 무엇인가? 즉각적인 연민의 반응, 상상의 전달, 나로부터 연역해낸 유비 등의 표상들이 제시되었으나 나와 분리될 뿐 아니라 '타자'인 한에서의 타자, 따라서 논리적으로 나와 타자의 관계가 불가능한 한에서 이 표상들이 타자와의 만남을 충분히 설명하는가? 탈합치를 통해 나와 타자가 만나기 위해서는 일종의 **'실천적** 방정식'을 가동해야 한다. 즉 내가 나로부터 탈합치하고 나의 바깥에 서는 만큼 나는 타자를 그의 타자성 속에서 만날 수 있다. 통상적인 도덕이 권고하는 "타인의 입장에 설 것"이라는 말이 자기 방식대로 깊은 성찰 없이 강조하는 바가 이런 것이다. 내가 나로부터 탈합치하지 않는다면, 즉 내 '자아'의 폐쇄되고 굳어진 존재로부터 탈합치하지 않는다면, 나는 타자를 비껴가게 되고 단지 스쳐지나거나 이익을 위해 그와 관계 맺을 뿐이다. 타자에게 자신을 열어야 한다는 사실에 대해 이타주의가 진부하게 강조하는 정체불명의 관대함에 따라 도덕화할 필요도 없다. 나는 나로부터 탈합치하는 만큼 타자 안에서 쇄신되고 타자를 통해 내 삶을 활성화할 수 있다.

실존과 관련하여 탈합치는 윤리적 차원을 전개하는, 적어도 두 가지의 방식으로 굴절될 수 있다. 우선 자신의 삶과 사유의 양상들에 대한 속박을 애착의 상류 자체에서 해체하는 **탈착**이 있다. 즉 우리가 의심조차 없이 그 안에 들러붙어 자신을 억압하는 습속의 통상적 방식을 해체하는 것이다. 이기주의 또는 '계급'의 이해(利害)를 잘못, 부덕, 악 등으로 판단하거나 역사를 악마화하기보다는 지극히 합치하는 나의 자아로부터 탈착하지 못하는 무능력으로 보아야 한다. 다른 한편으로 또한 **탈-귀속**의 방식이 있다. 자아-주체의 정의(定義)가 귀속의 내적 관계 또는 자신에게 고유하게 속하는 것으로 간주될 때 자아의 자아에 대한 귀속 또는 자아에 의한 자아의 귀속을 해체하는 것, 즉 탈-귀속이 자아가 다시 전개되게 하는 것임은 쉽게 이해될 것이다. 자아를 위축시키는 자기 귀속으로부터 자아를 해방시키고 자기 안에 갇혀버린 자아에 간극과 낯섦을 들여놓음으로써 다시 전개시키는 것이다. 내 자신에 대한 자기화에서 벗어나는 것은 윤리의 최초 조건이다. 신비주의자들이 '신'을 상정한 것은 탈-귀속을 위해서였고 신을 내적 탈-자기화의 받침대로 삼기 위해서였다.

탈합치가 항상 다시 그 반대로 전환되거나 재합치에 이를 위험이 있는 것은 사실이다. 타자와의 관계에서 각자가 자기 역할 또는 자기 성격에 갇혀 있을 경우 재합치만이 남고 더이상 타자와의 만남은 없다. 이 경우 (커플의 경우처럼) 관계가 정착되고 닫히며 가동하지 않게 된다. 따라서 탈합치의 윤리적 요청은 내밀함에서까지 작동하는 것이다. 관계에 외재성과 낯섦을 다시 들여놓고 이 관계의 습속을 동요시키면서 타자에 대한 간극을 다시 열 때, 달리 말해 '탈-내밀화'할 때 타자는 진행중인 관계가 적합성과 조정에 갇혀버린 폐쇄성으로부터 다시금 벗어날 수 있다. 즉 바깥에 서서 실존하는 것이다. 존재의 포화 상태에 고유한 이런 숙명을 끊을 수 있는 것은 오직 결여와 부정을 다시 가동할 때뿐이다. 그러지 않으면 안착된 관계의 확정성은 상호작용의 긴장도 없고 더이상 타자와의 만남도 없는 작위적인 사이비 관계에 매몰되기 때문이다. 관계 속에 잠들어 있는 것에 균열을 냄으로써 관계를 다시 결여와 욕망 속에 넣고 작업하게 해야 결국 관계가 단절(이혼)에 이르는 상황을 피할 수 있는 것이다. 연인들이 함께하는 삶에서 가장 힘든 일은 계속되는 일상에서 정해진 장소와 태도, 이미 이야기한 문장들, 코드화된 몸짓, 이미 언급된 이야기들, 심지어 이미 공유된 추억들로부터 탈합치함으로써 여태껏 생각하지 못한 가능성이 그들 사이에 다시 열리게 하는 것임은 잘 알려진 사실이다. 요컨대 탈합치한다는 것은 목적도 없고 끝도 없는 일이다. 탈합치한다는 것은 윤리의 목적이 아니라 윤리의 조건이다. 합치는 죽음이고 적합성의 충전은 미래가 없기 때문에 탈합치는 끝이 없는 것이다.

　　탈합치 개념을 삶의 다양한 지평들을 통해 그 무한정한 외연 속에서 고찰하는 일은 이 개념을 공허하게 기계적으로 맴도는 것이 아니다. 탈합치가 항상 특정한 관점에 의존된 이데올로기적 가치가 아니라고 해서 행동의 위대함과 능력을 이루지 못하는 것은 아니다. 탈합치를 통해 이루어진 작품들과 인물들의 위대함이 있다. 실제로 예술, 사유, 역사에서 위대한 탈합치자들이 있었다. 몰리에르는 당대의 전시회와 공연에서 탈합치했고 데카르트는 학교에서 가르치던 스콜라철학에서 탈합치했다. 루소 또한 모든 면에서 탈합치했다. 그는 방랑자로서 자기가 받은 학습에 순응하지 않았고 모든 환경과 분리되었으며 이성과 세속의 세기에 산과 '감정의 매력'에 끌렸다. 나아가 그의 문장, 테제, 어긋난 개념들을 통해 그는 탈합치했으며 이 때문에 근대성을 활짝 열었던 것이다.

그렇다면 정치적으로 탈합치한다는 것은 더 정확히 무엇을 의미하는가? 지금까지의 긴 논의가 서론일 뿐이었다면 이는 제1철학 또는 일반적인 철학에 기입되지 않는 정치라는 것이 무엇인지 알 수 없기 때문이다. 탈합치는 실질적으로 정치일 수 있는가? 현재의 삶과 역사 속에서 가능성을 다시 열 수 없는 정치가 정치일 수 있겠는가?

3. 탈합치의 정치를 위하여

1) 합치와 이데올로기

탈합치의 정치가 무엇일 수 있는지 살펴보기 위하여 원리적 정의에서 출발할 필요가 있다. 이념은 합치 상태가 될 때 이데올로기적인 것이 된다. 즉, 집단적으로 인정되고 심지어 사회에서 지배적인 이념의 위상을 이루는 것은 그것이 합치 상태일 때다. '합치 상태'가 된다는 의미는 적합하고 조정된 것으로서 유포되고 그 순응성을 확산하며 이에 따라 흡착을 퍼뜨림으로써 그 이념의 '자명성'이 나타나게 된다는 것이다. 또한 이데올로기가 되는 이념은 집단적 여론이 되고 비판 의식을 야기하지 않은 채 압도적으로 부과될 수 있다. 즉 이런 이념은 그것이 어떤 특수한 관점에서 태어났고 따라서 모든 이념이 그렇듯 어떤 자의성으로부터 표명되며 어떤 역학 관계에서 정초되었는지를 망각하게 한다. 나아가 이런 이념은 여타 가능한 이념들 중 하나인 의견으로 생각되지 않고 더이상 이의의 대상이 되지 않을 정도다. 이로부터 이 이념의 사이비 자명성이 나오며 이에 대해 사유가 개입하지 못하게 되는 것이다. 이로부터 또한 두번째 원리가 도출된다. 이와 같은 합치는 집단적으로 확산됨으로써 **의무감**(bonne conscience)을 생겨나게 한다. 즉 이 이념은 비판받지 않을 뿐 아니라 의혹이 되지도 않는다. 우리는 그것이 비판 가능하다는 사실조차 생각하지 않는다. 이 이념은 수용되고 채택될 뿐 아니라 동화(同化)된다. 바로 이런 점이 우려를 낳는 것이다. 즉 우리는 이 이념에 대해 의문을 던질 생각을 하지 않으며 그것에 관해 사유할 생각조차 하지 않게 된다.

또한 합치의 이런 현상을 이해하려면 '집단'과 '공통'을 구분해야 한다. 공통은 산출되고 활성화되는 것이다. 공통의 고유한 대상은 공유이고 분유(分有)다. 공통은 공유를 통해 산출되고 동시에 공유를 산출한다. 연인, 가족, 사회 등의 확장되는 단계에 따라 우리가 공유하는 것은 우리에게 공통된 것이다. 정치적 차원을 구성하는 것은 공통이다. 그런데 '집단'은 추가되고 집적되는 것일 뿐이며 부정적으로 말하자면 군집에 불과하다. 집단은 모임을 이루지만 그렇다고 해서 '이해(利害)'를 거치지 않으며 이해를 초월하는 '우리 사이'를 거치지도 않는다. 따라서 합치는 집단적일 수도 있고 개인적일 수도 있지만 그렇다고 해서 공통을 산출하지는 않는다. 애착은 아직 능동적이고 상대적으로 자발적이며 선택된 것이지만, 흡착은 수동적이고 그대로 따르는 것이다. 흡착은 분유가 없는 단계인 동시에 응집의 최고 단계다.

그런데 이런 집단적 흡착은 의무감, 즉 의식의 형태를 이룰 때 즉각적으로 적합하다고 믿으며 그 복종 속에 안주한다. 그 순응성에 만족하고 그리하여 순응주의를 자부하며 그 안에 안착한다. 이와 같은 의식의 형태는 집단적 흡착이 어떤 것을 선호하며 부과하고 가치의 근거로 나아가 비판적 사유의 대상이 되기를 거부하면서 부과한 것을 망각함으로써 집단에 동화되기 때문이다. 이런 흡착은 그 어떤 부정적인 것도 그것에 균열을 내지 않는다는 점에서 '선'한 것이라고 찬양된다. 사실 이런 '선'한 의식은 의식으로서 이미 실추된 것이다. 그런 의식은 자신의 확정성 속에 안착하고 자신의 자만 속에 펼쳐지며 단지 자신에 의한 자기 동의만을 염두에 두고 더이상의 가동을 멈추기 때문이다. 합치된 의식은 죽은 의식이다.

현대사회에서 이데올로기적 합치 현상은 대단히 강화되었고 나아가 그 수준과 성격도 달라졌다. 이 현상은 막대해졌고 최대치에 이르렀다. 한편으로 커뮤니케이션 기술의 진보는 연결망을 일반화하는 데 도달했다. 라디오에서 텔레비전, 인터넷, SNS 등에 이르기까지 합치 및 그 흡착 능력은 점점 더 밀도 있는 동시에 점점 더 확산적인 방식으로 묶였다. 이 거대한 그물망, 심지어 여백에 머물면서도 분리될 수 없는 이 그물망에 균열을 낼 수 있는가? 사회 최하층이나 은둔자들도 손에 스마트폰을 들고 있으니 말이다. 우리는 조금이나마 '바깥에 서기(ex-sistere)'라는 말의 의미대로 실존할 수 있는가?

다른 한편으로, 우리는 역사적으로 볼 때 세계의 지평에 대한 점진적 확장에서 현재와 같은 세계의 전체화로 이행했다. 시장의 세계화, 일반화된 정보화로 인해 세계는 마침내 '세계'를 이루었고 우리는 인큐베이터 안에 살고 있다. 합치의 틀은 확대되었다. 그런데 최상의 합치, 일치와 순응의 최고 수준은 단형성(單形性)과 표준이다. 표준(standard)은 평등하고 민주주의적이며 경제적이고 합리적인 것으로 보인다. 동일한 것의 끝없는 유포는 저렴한 가격의 결과인 편의성을 통해 부과될 뿐아니라, 만장일치로 참여하고 공유한다는 환상을 통해 부과되었다. 동일한 것의 막대한 유포와 함께 이데올로기의 자기 강화는 그것이 부과하는 소외나 작위성에 의혹을 갖지 못하게 한 채 확산된다. 이런 점은 뉴스만 봐도 드러난다. 모두가 같은 의견을 제시하며, 이는 반대 진영의 경우도 마찬가지다. 논쟁을 조직한다는 것은 견해의 다양성을 믿게 하려는 것이지만 실질적으로 경계는 이미 정해져 있다. 서로 대립되는 것처럼 보이는 견해들은 이미 논쟁의 테두리 안에서 일치하고 있다. 즉 이 견해들은 이미 구성된 여론의 변주에 불과하다. 대답은 질문에 포함되어 있다. 왜냐하면 무슨 이유로 해당 논쟁이 선택되었는지에 관해서는 질문을 던지지 않기 때문이다.

최근의 코로나 사태는 이 점에서 전형적인 사례다. '위기'로 선포된 것과 반대로 단 며칠 만에 이데올로기적 합치가 부과되었다(손 씻기, 마스크 착용 등). 조심하고 주의해야 한다는 것을 누가 반대하겠는가? 그러나 '케어(Care)'의 명목으로 그토록 수동적으로 따라야 하는 교화와 규칙적 구호가 이처럼 유아적이고 온순한 흡착을 통해 지지를 얻어야 하는가? 코로나에 관한 보도와 통계는 미디어에서 마치 유일한 문제인 것처럼 다뤄지고 모두의 주의를 끌어 사유를 마비시키며 질문을 못 던지게 한다. 마치 인류가 전염병을 처음 대한 것처럼 말이다. 특히 코로나 때문에 다른 요청을 다루지 말아야 하는 것처럼 말이다.

설사 사회가 어떻게 죽음을 삶에 정리할지 모른다고 해도, 죽음은 삶 안에 있고 삶을 활기차게 해주며 우리가 삶의 끝에 왔을 때 아마도 죽는다는 사실이 그토록 두려워해야 할 것은 아니라는 점을 누가 감히 다시 알려주겠는가? 생동적 삶을 단지 생존의 차원으로 한정하고 '진정한 삶'이 가려지면서, 이 소란과 불안하에서 삶에 대한 어떤 가치 절하가 단번에 조직되었는지는 잊었다. 주지하다시피 생존의 반대가 죽음이라면 생동적 삶에 대립되는 것이 있고, 그것은 더이상 삶이 아닌 삶이며 삶의 외양에 불과한 작위적인 사이비 삶이다. 그런데 이 사이비 삶의 위협에 대해 공적 여론에서 누가 신경쓰는가? 이 점이 단지 언급만이라도 될 수 있었는가? 산다는 것이 끊임없이 삶의 위험에 맞서는 것임을 상기시킨 사람이 있는가? 그러나 모든 부정적인 것은 일시에 극히 쉽게 정리되고 포장되었다. 왜냐하면 모든 부정적인 것은 '코로나 바이러스'라는 덮개에 대한 이름에 불과하기 때문이다. 다른 죽음과 다른 고통은 쉽게 잊혔다. 우리는 의심할 수 없는 '휴머니즘'의 이름으로 일반화된 공감, 사유의 무기력에 젖을 수 있었다. 그러나 '휴머니즘'이야말로 가장 덜 자명하고 이제 가장 모호하게 된 개념이자 가장 의문시해야 할 개념 아닌가?

그런데 우리는 역사적 기회를 놓쳤다. 위태로움과 기회라는 대립된 의미의 상관성을 통해 한자어 '위기(危機)'가 잘 나타내듯이, 위기를 관리하는 기술은 닥친 위험을 기회로 전환시킬 줄 아는 것이다. 그러나 '케어' 및 예방과 관련하여 성찰되지 않은 집단적 공감의 흡착은 이 공유된 위기가 촉발할 수 있었던 **공통**을 산출하는 것을 막았다. 프랑스에서는 코로나에 대해 "이것은 전쟁이다."라고 말했다. 이는 적을 설정하고 저항을 결집하기 위함이다. 그러나 적어도 전쟁은 개인의 이익에 비해 공공의 이익을 선호하는 공통을 나타나게 한다. 헤겔이 말했듯이 전쟁은 개인주의적 부정의 부정이며 공동체의 약화된 통일성을 상기시킴으로써 그 자체로 결합을 강화한다. 그런데 코로나와 관련하여 맺어진 이데올로기적 합치를 통해 산출된 공감은 실효적 공통을 산출하지 못했다. 왜냐하면 그것은 균열도 없고 불안을 야기하지도 않는 불모의 확정성에 파묻혔고 (정해진 시간에 의료진을 위해 박수를 치는 등) 저렴한 값에 만족한 의무감으로 채워졌기 때문이다.

우려해야 할 것은 이런 이데올로기적 합치가 보편화된 미디어 체제를 통해 '선한 대의'로 간주되어 산출되는 것이다. 이데올로기적 합치가 지지를 훌쩍 넘어 흡착을 야기하고 너무도 빠르게 설교처럼 되어감으로써 의무감으로 왜곡되는 것을 우려해야 한다. 이런 이데올로기적 합치를 은신처로 삼은 개인적 이익은 그것이 자동으로 정당화되고 의심받지 않으며 따라서 건드릴 수 없는 것으로 나타나는 만큼 더욱더 쉽게 교활한 방식으로 추구된다. 각자는 의문을 던지기 시작하지도 않은 채 경쟁적으로 자기 의견을 내고 몸값을 올리는바, 이데올로기적 합치에 대한 모든 동의가 성찰 없이 능동적이지 않은 방식으로, 즉 실효적이지 않은 방식으로 이루어진 채 집단 무-사유 현상이 나타나는 것이다. 이와 같은 대의가 정당하지 않다는 것이 아니다. 다만 그것이 집단적 주제화가 되기도 전에 성찰의 시간이 너무 짧다는 것이다. 이에 따라 대의는 자동적으로 확립되면서 정당화를 은폐할 만큼 포화 상태에 이르며 결정권을 억제할 정도가 된다. 대의에 대한 의무감은 대의를 무의식에 빠지게 한다. 그리하여 대의는 매몰되고, 이미 지겹게 들은 대의를 일시적으로 다시 듣게 하는 점점 더 인위적인 경쟁거리에 불과한 것이 되고 만다.

2) 탈합치의 실천

물론 상투적인 정치 구호에 저항해야 하고 유일한 사유를 규탄해야 한다. 그러나 이와 같은 상투적 정치 구호와 유일한 사유에 대한 규탄은 미디어에 회수되면서 곧이어 다른 방식의 상투적 정치 구호나 사유로 기울고 다시금 합치 상태가 된 죽은 확정성으로 전환된다. 나아가 상투적 정치 구호를 공식적 피난처로 삼고 집단적 주제화를 통해 이런 구호를 의무감으로 더 잘 실천할 수 있게 된다. 그렇기 때문에 상투적 정치 구호를 규탄하는 것이 합치의 효과에 의해 빠르게 왜곡된다면 오히려 이런 구호로부터 탈합치해야 하며, 그것이 암묵적으로 확립하는 순응적 확정성과 지성의 수동적 형태를 다시 문제삼아야 한다. 이런 구호는 우리가 자각하지 못한 채 우리를 이화(異化)시킨다. 규탄하는 것이 어떤 사태에 대해 '안 돼'라 말하고 대립하는 것이며 그 사태가 인정될 수 없다는 이유를 선언하는 것이라면, 탈합치하는 것은 이런 사태로 미리 이끄는 이데올로기적 조건인 흡착에 대한 탈결속을 도입하는 것이다. 규탄하는 것은 과감성, 용기, 의지를 요구할 수 있고 행동의 현재에서 이루어지며 모두의 책임에 동등하게 속하는 것이다. 그러나 탈합치는 질문, 나아가 상류에서 의혹의 작업을 요청하는 것으로 지배적인 이데올로기가 되는 집단적 합치의 효과에 대한 가능성의 조건을 해체한다. 따라서 이는 실천적 기획을 가진 엄밀한 의미의 철학적 과제이다. 그리고 바로 이런 의미에서 부차적인 방식이 아니라 기초적이기 때문에 필연적인 방식의 **철학적 참여**가 요청되는 것이다. 공동체에서 철학은 바로 이런 사명을 지닌다. 소크라테스는 그의 '반어법' 때문에 규탄자가 아니라 위대한 탈합치자였다. 그렇기 때문에 공동체는 그에게서 가장 큰 위험을 보았고 자비 없이 독당근을 먹게 한 것이다.

지배적인 이데올로기, 그것이 전제하는 동시에 확립하는 합치에 대하여 나는 실질적으로 무엇을 할 수 있는가? 그것을 비판할 것인가? 그러나 비판이 지배적 이데올로기를 조금이나마 침식시킬 수 있는가? 그것을 전복할 수 있는가? 그러나 누구에게 그런 힘이 있는가? 소박한 용어를 다시 사용하자면, 나는 지배적 이데올로기에 균열을 낼 수 있을 뿐이다. 즉, 지배적 이데올로기에 대해 간극을 벌리기 시작함으로써 그것의 드러난 확정성이 내포하는 약화되고 은폐된 부정적인 것을 드러나게 할 수 있다. 이런 부정적인 것을 통해 때맞추어 이데올로기의 조밀성에 균열을 내기 시작할 수 있는 것이다. 생동적인 삶을 오직 예방을 권장하는 생존의 근심으로 절하하고 안전을 구원으로 삼음으로써 다른 모든 것을 망각하게 하는 코로나 창궐 시기에 진정한 삶을 상기하는 것은 바로 탈합치의 차원에 속한 일이다. 따라서 관건은 정착된 적합성 속에서 방수벽이 되어버린 이데올로기적 합치의 한구석을 깨뜨리고, 이런 합치의 축적된 근거하에 빈약함이 드러나기 시작하게 하는 것이다. 또는 이 이데올로기적 합치의 증후(症候)를 공명하게 하는 것이다. 더이상 다른 가치들이 없기 때문에 노력 없이도 하루종일 우리를 점유하는 공포 및 공포에 대한 욕망이라는 증후를 공명하게 하는 것이다. 이와 같은 탈합치는 사유에서 이루어지는 것과 마찬가지로 행동에서도 실천된다. 나아가 탈합치를 철학적 사유에서 가동하는 것은 탈합치를 행동에서도 정당화하게 해준다. 탈합치의 태도는 비정상적이거나 일화에 불과한 것이 아니라, 그 정합성을 밝히면서 사람들을 움직일 수 있다.

'봉쇄 해제'의 초기에 짧은 치마를 입고 마스크는 당연히 착용했지만 동시에 아름답게 화장한 모습으로 우아하게 집에서 나온 여성은 탈합치의 익명적이고 일시적이며 은미한 아이콘이다. 단순한 행인으로서 그녀는 탈-이화(異化)의 전령이다. 그녀는 '설교'하지 않으며 심지어 사례를 가르쳐주는 것도 아니다. 오히려 주변의 체념에 대하여 실효적인 어긋남을 가동하며 욕망하는 삶의 '진정한 삶'을 회복한다. 엄숙한 혁명적 또는 종교적 청교도주의 분위기 한가운데에서 자신의 가슴을 가리킨 여성, 재판정에서 사형 판결의 엄숙하고 추한 순간에 자기 바지를 내려서 사람들을 웃게 한 피고 등도 마찬가지이다. 이런 종류의 태도에서 사실 전체주의는 실제로 틈이 갈라지고 강요된 이데올로기적 합치 내부의 취약성을 드러낸다. 탈합치의 효과는 비록 가냘프고 소박할지라도 고착된 복종의 굴레에 균열을 냄으로써 실효적으로 가능성을 다시 열어놓는다.

단지 독재 체제에서만 이데올로기적 합치가 창궐한다고 믿는 것은 착오이며 지나치게 안이한 태도다. 이른바 현대 민주주의 사회들은 정보, 여론 관리 또는 기획의 조정 장치를 끊임없이 가동시킴으로써 주목을 끌지 않고 억누르는 방식으로 여론을 만들어낸다. 물론 요구사항을 주장하고 진보의 힘을 과시하는 방식을 사용하기도 한다. 감히 말하자면, '선생'이 집단 질서의 구호를 따르지 말아야 한다고 양심에 따라 판단하여 강의에서 분리되었을 때 그는 반대자라기보다는 고독한 탈합치자다. 그는 헐값에 무기력에까지 이를 수 있는 '연대' 행동의 안이함을 드러냈기 때문이다. 물론 이런 식으로 말하는 순간 그는 건드려서는 안 될 것을 건드렸기 때문에 곧바로 반동적인 인물로 분류될 것이다. 그런데 바로 이런 것이 탈합치의 생생함 또는 예리하게 자르는 행위다. 이 경우 '교수'나 '교사'가 아닌 '선생'이라고 말하는 것만 해도 이미 탈합치하는 것이다. 이런 탈합치는 미미한 것처럼 보이지만 '선생'이라는 이 어려운 직업, 그러나 미래가 달려 있는 이 직업이 매몰된 주변 성찰의 상실에서 탈착하고자 한다면 핵심적인 것이다. 실제로 탈합치는 낱말의 표현에서 최소한이지만 가장 구체적으로 시작된다. 이 점에서 시인은 언어의 위대한 탈합치자다. 시인은 언어를 용도에 의한 격하, 창작의 가장 적은 노력 법칙에서 벗어나게 하고 모험적 가능성을 열어놓는다.

일반적 방식으로 볼 때 탈합치의 사명은 의무감에 대한 이탈과 분란을 촉발하고 그 의무감의 대의가 어떤 것이든 간에 확정성으로 선언되어 의무감을 맹목적으로 만들 경우 그 안이함을 무력화하는 데 있다. 합치는 단지 대중이나 대다수의 사태에 불과한 것이 아니다. 합치는 더 낮은 단계에서 이미 개인 자신으로부터 시작된다. 그러나 집단적 차원은 이런 합치를 확증하고 보장하며 그 아래에 숨어 이루어지는 개인적 이익 추구와 더불어 안도감을 산출한다. 왜냐하면 합치는 특정 입장에 좀더 속하는 것이 아니기 때문이다. 합치는 모든 대의와 모든 입장을 위협한다. 따라서 이데올로기적 합치를 비난하는 사람은 곧바로 모두에게 오해받고 의심받으며, 그래서 모든 입장들이 이데올로기적 합치에 반대하여 집결한다. 그러나 그 이유는 탈합치를 가장하는 것이 모두에게 매우 중요하기 때문이다. 즉 의무감에 대한 반대 의식은 이를 통해 헐값에 경감될 뿐이며 실질적으로 변화하는 것은 없다.

오늘날 소위 선진국 사회에서 합치가 이루어져가는 테제가 있다면 바로 불복종 예찬이다. 이와 관련하여 전복은 역사적으로 정당화되었다. 위계의 존중과 순종을 확보하면서 문명의 기초라는 명목으로 복종을 찬양해온 수천 년 후에 다행히도 우리는 그 반대를 배우게 되었다. 뉘른베르크 강령으로부터 우리가 배운 것은 사람들이 처벌받게 된 이유가 불복종이 아니라 복종이라는 점이었다. 그들의 복종은 어리석음이고 태만이었다. 그러나 불복종으로 충분한 것인가? 복종을 넘어 '순종(obédience)'으로 거슬러올라가 맞서야 하지 않겠는가? '순종'은 암묵적 연대와 수동적 수용으로 짜인 것이며 집단적으로 전파되고 미디어를 통해 확산된 것이다. '순종'은 시스템을 이루는 이데올로기적 합치이며, 더이상 성찰되지 않는 모습의 흡착에 지원받고 모두의 의혹으로부터 벗어난 채 건드릴 수 없는 진리로서 부과된다.

순종은 복종의 지속성과 그 가능성의 조건이다. 거꾸로 생각해보면 탈합치의 성찰된 형태로서 탈-순종은 불복종을 확립할 수 있고 정당화할 수 있다. 불복종 예찬은 탈-순종 예찬으로 시작해야 할 것이다. 규탄과 함께 불복종한다는 것은 직접적으로 지목된 행위의 차원으로서 (용기가 필요하겠지만) 지성적으로 볼 때 원하고 결정하는 것으로 충분하다. 이 경우 '무엇에 반대'하는지가 정확히 규정된다. 그러나 불복종의 상류에는 탈-순종이 있다. 부당한 행위에는 불복종하는 것이라면 이화(異化)에는 탈-순종하는 것이다. 불복종이 부당한 행위를 거부하는 것이라면 탈-순종은 이 행위를 명령한 권위의 기만을 드러내는 것이다. 또한 불복종이 시민 불복종처럼 도덕적이고 정치적이라면 탈-순종은 철학적이다. 우리가 생각하기 시작하지도 못한 상태에서 우리를 예속한 것으로부터 정치적으로 탈합치하게 해줄 탈-순종을 사유하는 것은 참여 철학의 작업이다.

오늘날처럼 지배적 이데올로기가 드러나지 않을 사회에서 독재시대에 가동하던 것으로는 더이상 충분하지 않다. 탈합치를 내세우는 것은 어떤 점에서 지배적인 여론이 포화 상태의 확정성에 안주하면서 의심되지 않는 이데올로기적 적합성(조정)에 의거하고 있는지 드러내자고 호소하는 것이다. 이런 적합성이 분리에 이를 때까지 은폐 상태에서 빠져나와야 하고 균열되어야 하며, 이를 통해 실효적인 다른 가능성을 드러내야 하는 것이다. 이런 점에서 탈합치는 탈-순종에 기여하는 반면, 대립은 여론의 일치에 대해 불복종의 길을 여는 단절에 불과하다. 탈-순종이 확립된 불복종 가능성의 조건인 것처럼, 탈합치는 근거가 밝혀진 대립 가능성의 조건이다.

3) 프랑스와 가능성들의 위축

오늘날 프랑스의 상황은 쇠퇴나 침체 등이 아니라 **가능성들의 위축**이라는 용어로 표현하는 편이 적절할 것이다. '위축'

이라는 용어가 말하는 바는 가능성들이 펼쳐지는 대신에 만성적이고 전반적인 방식으로 축소됨을 나타낸다. 이런 수축은 우리가 자각하지 못한 채 점진적으로 이루어진다. 이로부터 공유된 공통과 역사적 주도권의 상실이 귀결된다. 그런데 탈합치의 고유한 점 또는 그 힘이 가능성들을 다시 여는 것이라는 점이 인정된다면, 결과적으로 이데올로기적 합치의 어떤 특수한 형태들이 오늘날 프랑스를 매몰되게 하고 마비시키는지 살펴야 할 것이다. 합치라는 것은 실존의 차원에서 볼 때 죽음인 바, 합치는 또한 정치적으로 막혀 있는 것이다. 오늘날 프랑스를 억압하는 이데올로기적 합치들을 파악해내고 그것들에 금을 내며 균열을 일으키는 것은 철학이 정치적으로 참여하는 탁월하게 **실천적인** 현재의 과제다.

프랑스는 (지정학적 상황, 문화, 풍광, 노하우 등) 큰 잠재력을 갖추고 유리한 조건을 누리고 있으며 이 모든 가능성들, 즉 자원들이 풍부하다고 간주된다. 타 문화를 수용하는 곳이라고도 여겨진다. 국가의 크기는 문제가 되지 않는다. 따라서 프랑스가 갖춘 이런 가능성들을 위축하는 격하 현상에 의문을 던져야 한다. 위축은 포기가 아니고 체념도 아니다. 위축은 우리도 모르게 이루어지고 주변적 분위기의 방식으로 경험되며 집단적 자명성처럼 부과된다. 이런 진단은 불행하게도 쉽게 내려질 수 있는바, 문제는 여론이 전달한 어떤 적합성과 고착화의 집단적 형태와 이데올로기적 합치의 형태가 이런 상황을 건드릴 수 없게 했고 접근할 수 없게 했으며 모든 질문을 피해가도록 했는지 물어야 한다는 것이다. 즉 가능성들을 실질적으로 다시 열 수 있으려면 어떤 탈합치를 가동해야 하는지 물어야 하는 것이다. 이런 탈합치는 각자 자기 방식대로 자신의 경험으로부터만 접근할 수 있을 만큼 다양하다. 최근 문제의식이 없는 가운데 민주주의 정신에 의거하여 모든 종류의 '엘리트주의'에 대해 논증되지 않은, 그러나 즉각 합치되고 정착된 가치 절하가 있는 것처럼 보인다. 마치 자질의 요청이 필연적으로 대다수와 어긋나는 것처럼 말이다. 그러나 이는 '대다수'를 무시하고 폄훼하는 일이 아닌가? 무엇이 이런 점을 자각하지 못하도록 하는가? 오늘날 누구도 건드리지 못하는 그 민주주의의 이념이란 과연 무엇인가?

다른 사례를 들자면, 프랑스를 예외적인 국가로 간주하게 해온 '바캉스'는 건드릴 수 없는 이데올로기적 합치 중 하나다. 그러나 바캉스가 삶에 안착된 적합성과 조정의 양상에서 해방됨으로써 실존적 탈합치를 산출하는 의미는 퇴색되고 무기력과 반복의 법칙이 되었다. 즉 바캉스는 권태로울 만큼 수동적으로 따르는 관습이 되었다. 이 문제를 쟁점으로 삼기 시작하지도 못한 채 이데올로기적 합치의 효과에 의해 법칙이자 순종으로 부과되고 있다. 바캉스에 실존적 탈합치의 힘을 되돌려주려면 이제 이런 합치의 질서에 속한 바캉스를 쟁점으로 삼아야 할 것이다. 이는 또한 일을 가치 있고 능력을 발휘하는 것으로 만드는 차원이며, 아직도 유지되고 있는 전통적 형태인 소외로서의 일로부터 탈합치하는 차원이다.

정부와 관련하여, 좋은 정부는 자기를 억제하는 이데올로기적 고착화에 대해 탈합치를 촉발하고 받아들이게 하는 정부다. 이는 이미 진행중인 상황 가운데 가능성을 새로 열어놓기 위함이다. 즉 당파적 분류하에 자신의 이데올로기에 따라 즉각 사람들을 동원하기보다는 항상 새로운 조치와 프로그램을 제안하기 위함이다. 예를 들어 마크롱 정부가 초기에 가능성들에 대한 활성화를 기대하게 했던 것은 사실이다. 그러나 이 정부를 상징하는 '단절'의 개념이 상황의 실제성과 너무 떨어져 있었고, 정부에서 이데올로기적 탈착을 충분히 말하지 않았기 때문에 성공을 거두지 못했다. 주제화되고 분류된 문제들, 심지어 정부 부처에 관련 문서를 쌓아올리는 조치들로는 많은 것을 바꿀 수 없기 때문이다.

기업과 관련해서도 마찬가지다. 책임 있는 경영자는 코로나 사태로 인한 전반적인 침체 상황에서 마치 다른 가능성이 전혀 없는 것처럼 해고와 같은 안이한 해법에 매몰되기보다 이와 같은 역할로부터 탈합치할 줄 아는 사람이 아니겠는가? 즉 정당하게 공유된 노력을 요구하고 모범적으로 자신의 연봉을 줄이기 시작할 줄 아는 사람, 특히 집단적 성과에 대한 동의를 호소하면서 공동 이익을 가치로 내세우는 사람이 아니겠는가? 이는 정당한 자부심이 될 것이다. 실업을 구실 삼아 자기

기업의 문제를 사회 전체에 떠넘기는 대신 말이다. 과감성을 지성에 연결시키고, 이를 위해 사회 구성원들 사이에 미리 합의되고 생산력 없이 예상된 분야로부터 탈합치함으로써 결정권을 되찾아야 하지 않겠는가? 용기와 노력을 호소하고 나아가 그것을 '진보' 진영 활동가들의 테제로 삼는 일은 실질적으로 탈합치하는 것이며 새로운 가능성을 열어놓는 일이 될 것이다.

　그렇다고 해서 탈합치가 수직적이고 위계적이며 권위에 의존하는 것은 아니다. 합치는 그 논리와 개념으로 보면 그 자체로 하나지만, 개별적이고 결과적으로 다수적이며 그 발현 양상에 따라 계속 변화한다. 그렇기 때문에 탈합치는 복수형의 '탈합치들'일 수밖에 없다. 또한 그렇기 때문에 단일하고 상부로부터 지휘된 혁명과 달리 탈합치들의 작업에서는 활동과 집단의 모든 영역에 스며드는 **명령 없는 결정권**이 관건이다. '현장'에서의 지엽적이지만 다양하며 은미한, 그러나 점진적인 상호 지원을 통해 진전되며 (마치 여러 갈래로 금이 가듯이) 퍼져나가는 결정권인 것이다. 따라서 탈합치들에는 연합의 사명이 있고, 이것이 바로 **탈합치들의 연합**(Association)을 그 원리에서 정당화해주는 것이다. 순종을 퍼뜨리는 온갖 흡착 형태가 이끌고 그 자체로 의심되지도 않으며 따라서 성찰이 배제된 이데올로기적 마비 상태에 대한 전면적이고 전체적인 규탄에 사람들이 귀기울이지 않는다는 점을 우리는 잘 알고 있다. 따라서 측면에서, 신중하게, 나아가 미세하게 집단 무의식을 구석구석 끈기 있게 부숴나갈 때, 여러 마찰을 통해 그리고 한 영역에서 다른 영역에 이르기까지 울리며 합치에 불화를 일으키는 다수의 반향을 통해 마침내 이데올로기의 덮개에 균열이 일어나게 될 것이다. 아마도 이런 방식이 정치가 진전 없이 맴돌고 나아가 한 국가가 폭동 아니면 무기력이라는 양자택일에 빠지며 절망이 자리잡는 것을 피하는 유일한 해법일 것이다.

4) 유럽의 두번째 삶을 위하여

'두번째 삶'이란 삶의 과정에서 이미 겪은 것으로부터 탈합치함으로써 지금껏 고려되지 않은 가능성들로부터 열리는 삶을 말한다. '두번째'라는 것은 '첫번째'를 '따라가면서도' 첫번째에 대해 간극을 벌리고 분리되는 것이다. 이는 첫번째와의 단절이 아니라 그로부터 탈착하거나 벗어나오는 것이다. '두번째'의 개념은 우선 개인적 차원에서 확인된다. 삶의 과정에서 첫번째 가능성들이 고갈되고 거기서 빠져나와 더이상의 에너지 투입을 중지하고 새롭게 투자할 때 이 개념이 확인되며, 이는 작업, 인간관계, 그리고 무엇보다 개인의 감정과 사유에도 마찬가지로 적용된다. 이 경우 우리는 삶을 '바꾸는 것'이 아니다. 관건은 항상 어느 정도의 환상이 개입된 '새로운' 삶이 아니다. 다시 강조하지만, 단절의 능력이 어디로부터 올 수 있겠는가? 오히려 과거 삶의 축적 위에서, 거기서 조용히 변화해온 것으로부터 우리는 그 과거 삶을 자각하면서 선별하고 활용할 것을 찾아낼 수 있으며, 합치 상태가 되면서 이제는 생산력이 없어지거나 이미 죽어버린 것으로부터 빠져나올 수 있다. 이런 것이 바로 자유에 대한 구체적이고 실효적인 표현이다. 우리가 상상하지조차 못했던 자원들이 삶의 도중에 넌지시 과정의 차원에서 발견된다. 또한 이 '두번째'의 개념은 기독교가 헤브라이즘에 대해 두번째라는 점, 로마가 그리스에 대해 두번째라는 점처럼 문화적 차원에서도 확인된다. 즉 이 개념은 실존적인 동시에 역사적인 개념이다.

2차대전을 계기로 시작된 유럽 구성의 첫번째 삶은 오늘날 고갈되어가고 있다. 유럽의 첫번째 삶은 자명하게 긍정적이었고 기적적이었으며 여하튼 유리한 결과로 가득차 있었다. 유럽의 첫번째 삶은 역사상 처음으로 유럽 내에서의 전쟁을 몰아냈다. 또한 이 '오래된 유럽'을 새로운 가능성의 공간으로 열어놓았다. 즉 경제와 관련한 협력을 더욱 긴밀하게 했고 정치를 더욱 지속 가능하게 했으며 공통 화폐를 사용하게 했다. 그리하여 유럽의 첫번째 삶은 미래를 생산력 있게 하는 연대적 운명의 가능성을 활성화한 것이다. 그러나 운명의 연대성이 더 뿌리내리려면 공유된 공통 의식을 요청하지 않겠는가? 무엇이 이런 의식을 촉진하는가? 유럽의 이런 성공은 이제 충분치 않다. 과거에 획득된 동력은 그 이면에 덮여버렸고 더이상 작동하지 않는다. 경쟁은 고착화되었고, 관료주의는 단형화의 강요와 더불어 과잉으로 치달았다.

이처럼 정착되고 있는 마비 상태에 맞서 유럽은 탈합치를 통한 두번째 삶을 살아야 한다. 즉 유럽 구성의 첫번째 시기로부터 벗어나서 그것을 성찰하고 선별할 것을 찾으면서 유럽을 재가동하는 두번째 시기를 시작해야 한다. 유럽은 과거의 성공 자체, 무기력으로 전환되고 있는 이런 성공의 확정성으로부터 탈합치해야 한다.

그러나 유럽의 결합을 견고히 하기 위해 공통된 정체성을 내세우는 이들이 있는데, 유럽의 정체성을 말하는 것은 남용이고 생산력이 없다. 유럽의 정체성을 말하기보다는 오히려 유럽의 문화적 자원이 무엇인지 물어야 한다. 어떤 자원들이 실효적으로 유럽을 만들어가는지를 파악할 때 유럽을 재가동하고 두번째 삶을 개시할 수 있다. '정체성'은 동일성을 지닌 존재자에 적용되며 분류하고 정돈하는 개념으로서 미래를 담고 있지 않은 반면, 자원(들)은 잠재력의 차원에 속한다. 자원들은 개척되고 활용된다. 자원들은 활용될수록 더욱 개척된다. 자원들은 설교 대상과 같은 가치가 아니며 따라서 서로 배제되지 않고 양립 불가능하지도 않다. 자원들은 항상 한정성을 가진 자산도 아니며, 신화적 방식으로 구성된 기원적 단일성을 내세우는 뿌리도 아니다. 자원들은 능동적이고 책임을 수반하는 개념이다. 자원들은 개척하지 않고 황무지 상태로 두면 사라진다.

이와 관련하여 '이상(理想)'의 개념은 오늘날 다시 성찰할 필요가 있다. 이 개념은 그리스에서 비롯한 것으로서 모든 유럽 언어에서 사용되지만 다른 문화권(예를 들어 중국 문화)에서는 전개되지 않은 개념이다. 오늘날 '이상'은 죽은 개념인가? 이것이야말로 '유럽적 문제'다. 이상이 상황의 구체성에서 우리를 분리시킨다면, 이는 이상이 상황의 구체성에 대해 모델화한 것으로부터 그 상황에 영향력을 갖기 위한 것이라는 점을 잊어서는 안 된다. 정체성이 아닌 유럽적 이상의 개념이 있을 수 있는가? 특히 '진리'나 '자유' 같은 오래된 용어들을 창조적이고 모험적인 방식으로 새롭게 활성화할 수 있는가? 또는 역사적으로 기독교를 중심으로 묶였던 유럽은 이전처럼 신앙 문제가 관건이 아니라도 여전히 기독교에서 자원들을 발견할 수 있는가? 이상, 진리, 자유, 기독교 등과 관련하여 관건은 가치들이 아니다. 가치들은 항상 비판 가능하고 또 뒤집어질 수 있는 것이기 때문이다. 그것들은 단지 전승해야 할 유산도 아니며 그로부터 새로운 미래가 다시 전개될 수 있는 자원들이다. 바로 이런 점에 관해 유럽은 오늘날에도 논쟁해야 하지 않겠는가?

최근 '생활양식'으로부터 출발해서 문화와 이데올로기를 대체하려는 시도가 있는데 이는 극히 피상적이고 웃음거리에 불과한 일이다. '생활양식'에 관한 실질적 개념을 만들어내지 않은 채 적대성을 낳을 수밖에 없는 '가치'들에 근거하여 그것을 다루었기 때문이다. 이런 시도는 생활양식의 내용이 무엇인지 제시하지 못했고 불행을 감추는 공허한 것에 불과하다. 유럽이 그토록 오랜 기간 철학 탐구를 실천해왔음에도 불구하고 유럽연합이 자기가 천착하고 자기를 유지해주는 것이 무엇인지 명확하고 견고한 개념에 이르지 못했다는 것은 실망스럽고 비정상적인 일이다. 진정으로 말하건대, 자원 개념이 더 효력이 있지 않겠는가?

유럽적 자원들로서 여러 시대에 걸쳐 서로 첨가되면서 아직도 유럽을 만들어내고 고갈되지 않는 구성적인 **언명**(言明)들에 특히 우선적으로 관심을 가질 수 있을 것이다. '언명들'은 우리가 주장하고 규정하되 재론하지는 않는 표명들을 말한다. 어떤 판단을 내리고 어떤 문제를 규정하는 언명은 우리가 그것을 잊거나 등한시한다고 해도 일단 산출되고 나면 그대로 남고 폐기되지 않는다. 언명은 (지혜의) 격언도 아니고 (전통에 의해 전해진) 속담도 아니며 (태도를 가르치는) 준칙도 아니다. 언명은 생각 끝에 단호하게 어떤 사례를 작동시키며, 사유 가능한 것과 진술 가능한 것 가운데에서 드러내놓고 입장을 취한다. 그런데 가장 다양한 지평들로부터 여러 시대에 걸쳐 이어져온 언명들은 유럽을 '쓰는' 무한히 긴 문장과 같은 것을 직조한다. 이런 텍스트는 그토록 만들어내기 힘든 모든 헌법(Constitution)에 앞서 유럽을 구성하는 것이다.

'인간은 만물의 척도다'라는 프로타고라스의 언명은 인간을 존재의 기준으로 삼음으로써 악마와 같은 신비적 힘을 즉각 차단하고 (정령, 신들, 초월자 등) 다른 데로부터 오는 모든 공포를 해체하며 인간을 우주의 주인이 아닌 척도로 정립했다. 즉 모든 것이 인간이라는 척도에 관련되고 이제 이 척도에 따라 생각되는 것이다. 급진성을 가진 이 막대한 언명을 '인본주의'의 초석으로 인용하는 것은 너무 미미한 취급이다. 인본주의 개념은 추후 더이상 아무것도 의미하지 않을 정도로 변주되었다. 또는 피타고라스가 신들에 관해 우리는 "신들이 존재하는지 존재하지 않는지" 알 수 없다고 간명하게 말할 때, 그는 단번에 신적인 것에 관한 미궁을 닫아버리는 동시에 신앙과 무신론 사이의 긴장에 놓인 유럽의 거대한 문제를 펼쳐놓는다. 또한 프로타고라스가 모든 주제에 관해 "서로 대립된 두 담론이 있다"고 처음으로 상정했을 때, 그는 발언의 대면 능력을 진리의 시험대로 삼는 동시에 정치적 자유와 민주주의 가능성의 조건으로 삼았다.

오늘날 유럽인들이 그 존재를 알든 모르든 간에, 이런 언명들은 문명적 가능성을 과감하게 전개하는 것이다. 이 문명적 가능성의 방향과 차원은 한정되지 않고 오히려 자원을 이룬다. 또는 바울이 "그리스인도 유대인도 없고 주인과 노예도 없으며 남자와 여자도 없다"고 언명함으로써 혁명적 폐지를 선언했을 때, 그는 (문화적·사회적·성적) 차별을 모두 무력화하면서 그리스도의 인물상에 따라 인간적인 것이 어떠해야 하는지를 일반화했다. 이런 인간적인 것에 대한 요청은 아직도 실현되지 않았고 아마도 실현 불가능하겠지만 역사를 진전시키는 것이다.

또는 갈릴레이가 세계는 기하학 도형들로 쓰인 광대한 책이고 따라서 명확하게 인식 가능하다고 주장했을 때 그는 단지 모델화를 경험의 감독 기능 및 상관물로, 또는 수학적 언어를 물리학의 구상을 위한 도구로 삼은 것이 아니다. 또는 데카르트가 코기토를 언명했을 때 그는 단지 의심을 명증성의 시금석으로 삼은 것이 아니다. 단지 사유 활동을 실존의 시금석으로 삼은 것도 아니고, 단지 세계에 대한 판단 보류를 주체의 도래를 위한 시험대로 삼음으로써 주체의 근원성을 입증하고 주체성에 무한한 미래를 열어놓은 것도 아니다. 오히려 주목해야 할 점은 이들 언명들이 상호 간의 간극을 통해 직조된다는 점으로부터 이론적 가능성들의 장(場)이 열렸다는 것이다. 이와 같은 가능성들의 장은 그 어떤 '정체성'을 통해서도 고정할 수 없지만 사유를 재가동하기 위해 끊임없이 다시 회귀해야 한다. 따라서 유럽을 이루고 유럽을 작동하게 하는 긴장 관계, 상호작용을 가리고 '유럽 정신', 나아가 '유럽 문화'를 말하는 것은 이미 유럽의 자원들을 과도하게 강요된 통일성 아래 동결시키는 일이다.

유럽의 제1자원은 유럽의 언어들이다. 우리가 언어로 사유한다고 할 때, (언어에 따라 수동적으로 결정되어서는 안 되겠지만) 사유한다는 것은 자기 언어의 자원들을 활용하는 것이다. 그런데 유럽이 다수의 문화 언어들을 갖추고 있다는 점은 유럽 문화 언어들의 사이 또는 사유 가능성들의 장을 모험적으로 또 창조적으로 열어준다. 여러 언어 사이에서 사유는 변주보다도 생생한 작동을 발견하며 전적으로 일치하지 않는, 달리 말해 서로 온전히 합치하지 않는 언어들의 간극 덕분으로 이타성(異他性)에 훈련된다. 그래서 번역한다는 것은 정확히 말해 다른 언어의 자원들에 접근하기 위해서 자기 언어 고유의 관용어법으로부터 탈합치하는 것이다. 이 점에서 번역한다는 것은 또한 윤리적인 일이기도 하다. 그런데 유럽 전통에서 교양을 갖춘다는 것은 사어(死語)건 활어(活語)건 간에 여러 언어를 배우는 데 있었다. 유명한 언명에 따르면 "번역은 유럽의 언어다." 그러나 유럽은 세계화시대에 글로비시(globish)로 사용되는 빈약한 영어의 단형화 아래 다양성의 자원을 상실하는 중이다. 실제로 유럽 수준이든 세계 전체의 수준이든 간에 언어들이 서로를 비춰보고 각각에게서 서로의 생산력을 탐색하는 동시에 각각의 언어가 스스로 사유하지 않은 바를 탐색하도록 해주는 것이 언어들의 간극이라면, 혹시라도 인류가 단 하나의 언어를 사용하게 될 경우 인류의 사유는 멈출 것이다. 이른바 '커뮤니케이션'의 명목으로 사유가 희생되는 것이다. 사유의 표준화는 우리를 어리석음에 매몰시킬 뿐이다.

오늘날 세계화된 시장 법칙, 그리고 시장 법칙이 단형화된 커뮤니케이션 또는 '연결망'을 통해 암묵적으로 직조하는 이데올로기적 순종에 대해 세계 전체에서 저항해야 할 필요성이 있다. 사실 글로비시는 이 같은 단형화된 커뮤니케이션의 결과

일 뿐이다. 세계화의 시장 법칙과 커뮤니케이션을 악마화하자는 것은 아니다. 다만 무엇보다도 이와 같은 강제성에 따라 이화(異化) 및 사물화가 위협적으로 조직되기 때문이다. 유럽은 언어들의 다양성과 언명들의 창조성을 통해 저항의 기초가 될 수 있다. '두번째 삶'을 말하는 것은 축적된 경험에 의거하는 동시에 그로부터 탈합치함으로써, 단지 과거로부터 교훈을 도출하는 것이 아니라 가능성들을 다시 열어놓는다. 이 같은 유럽의 두번째 삶이야말로 미래를 위한 프로그램을 이루는 것이다. 왜냐하면 변질되고 고착화된 것으로부터 간극을 벌림으로써 심사숙고하여 가동해야 할 유럽의 축적된 경험이 있기 때문이다. 특히 정치적 공통의 활성화와 관련하여 '사적' 차원과 '공적' 차원을 조화시키고 정치적 차원과 종교적 차원의 관계를 조정하는 방식에서 축적된 경험이 있다. 더 일반적으로는 '의미의 문제들'에 대한 관리에서도 그렇다. 또한 강요된 초월성들(이데아, 신 등)의 후퇴 이후 인간적인 것의 새로운 지평으로서 이타성에 대한 사유의 전개에서도 마찬가지다. 이와 같은 유럽의 자원들은 도래할 세계를 위한 지렛대가 될 수 있다. 자원들의 고유한 점은 '정체성'과 반대로 어딘가에 귀속되지 않는 것이기 때문이다. 자원들은 그것을 사용하고 개척하고 활용하는 사람을 위해 준비되어 있다. 결국 유럽이 자신의 가치들을 세계에 부과하고 자기 문화를 문화 자체로 간주하던 이전 시대와 달리, 이 자원들은 이제 전 세계가 사용할 수 있는 것이다.

우리는 유럽 외부에서 새로운 제국들이 형성되는 시대에 있다. 미국과 중국이라는 G2뿐 아니라 인도나 러시아 또는 터키도 그렇다. 어쩌면 조만간 이란도 제국을 추구할지 모른다. 그러나 제국들은 일시적인 것이고 우위를 다투면서 고갈된다는 것을 우리는 유럽에서의 경험을 통해 잘 알고 있다. 힘의 강요는 항상 약화되는 법이다. 만일 유럽이 문화적 자원들을 쟁점으로 다룸으로써 다시 역량을 결집할 줄 안다면, 그리고 다가올 10여 년간의 위축 상태를 무기력 없이, 또한 분열되고 나서야 공상적인 정체성에 의거한 민족주의로 만회하려 하지 않고 겪어낼 수 있다면, 유럽은 이 같은 두번째 삶에서 역사적인 주도권을 되찾을 수 있을 것이다. 헛되이 제국을 새로 세우자는 것이 아니다. 오히려 '첫번째 삶'에서 축적된 경험과 그 '지혜'를 통해 민족주의와 힘의 관계에 의거한 개념과 다른 정치 개념을 활성화하기 위함이다. 이는 유럽의 모든 국가들뿐 아니라 세계 수준에 공통된 사안이다. 오늘날 유럽의 공통된 책임은 바로 이런 것이다. 그런데 책임의 공통은 이상으로 전환되면서 공동체를 세운다. 현재의 무기력에서 **탈합치하여** 이상을 사장되도록 두어서는 안 된다. 이상은 오늘날 지극히 약화되었을지라도 세계 전체에 중요한 것이다.

모든 일이 그렇겠지만 『탈합치』의 번역 작업은 여러 우여곡절을 거쳤다. 2019년 5월 줄리앙 선생님의 방한과 함께 역자는 여러 차례 선생님과 토론을 나누면서 주요 저작들의 번역을 맡게 되었다. 우선 2020년 국역 출간된 『문화적 정체성은 없다』와 함께 『존재에서 삶으로』의 번역을 의뢰받았다. 『문화적 정체성은 없다』의 번역 작업 후 역자는 곧바로 『존재에서 삶으로』의 번역을 착수하려는 계획을 세웠다. 그러나 그사이에 줄리앙 철학을 중심으로 기획된 〈탈합치: 신학에서 정치로〉라는 제목의 국제학술대회에 발표자로 참가하게 되면서 먼저 『탈합치』를 국역본으로 출간하기로 했다. 『탈합치』를 번역하는 작업은 강독 세미나를 통해 진행되었다. 국민대학교 교양대학에서 역자의 철학 강의를 수강했던 김소의, 김도희 학생과 이화여자대학교의 윤혜리 학생이 참여했다. 김소의, 김도희 학생은 회화 전공자들로서 『탈합치』 본문에 언급된 작품들을 찾아내고 분석하는 데 결정적인 도움을 주었다. 철학을 거의 처음으로 접한 윤혜리 학생, 그리고 의미 없는 현학성에 물들지 않은 김소의, 김도희 학생은 그만큼 진솔하고 정직한 여러 질문을 통해 역자가 『탈합치』의 내용을 끊임없이 검토하고 번역문을 다듬는 데 큰 도움을 주었다. 거의 6개월에 걸쳐 한 주도 쉬지 않고 이 까다로운 저작을 프랑스어, 영어, 독일어, 중국어로 함께 읽어가며 자유로운 토론을 나누었다. 강독 세미나 후반부에는 칸트 전공자인 건국대학교 김은하 선생님께서 참여하면서 논의를 더욱 풍성하게 가다듬는 계기가 되었다. 김은하 선생님께서는 때마침 『문화적 정체성은 없다』의 독서를 계기로 줄리앙 철학에 관한 영문 논문을 집필하면서 예리한 질문과 밀도 있는 논의를 통해 역자가 『탈합치』의 의미를 깊이 생각하도록 도와주셨다. 또한 『탈합치』 본문 전체를 읽고 섬세하게 교정해 주셨다. 김소의, 김도희, 윤혜리 학생, 그리고 김은하 선생님은 40여 권의 동서양 문화철학 저작들이 배후에 깔려 있는 『탈합치』가 '빠져나오기 힘든 거대한 늪'이라는 데 공감하고 계속 그 늪 속에 들어가기로 한 '탈합치 멤버들'이다. 이분들의 열정과 노고가 없었다면 이번 작업은 불가능했을 것이다. 이 자리를 빌려 깊은 감사의 뜻을 전한다.

　『탈합치』를 번역하면서 프랑수아 줄리앙 선생님의 애정어린 지원에 힘입었음을 언급하지 않을 수 없다. 번역과 해제 작업 내내 역자에게 신뢰와 격려를 보내주셨고 '탈합치 연합'의 창립 과정을 세세히 알려주셨으며 역자를 초빙해주기도 하셨다. 무엇보다도 『탈합치』의 내용은 역자의 삶에 큰 변화를 일으켰다. 일일이 설명할 수 없지만, 삶을 다시 바라볼 기회가 되었다. 자신의 감정, 작업, 가족, 대인관계, 직장, 공동체 등 많은 영역에서 굳어져가던 습관에 균열을 내기란 매우 어려운 일이다. 탈합치는 과거의 삶과 단절하는 것이 아니다. 오히려 과거의 삶을 살펴 활용할 것을 선별해내고 합치 상태로 고착화된 것에서 벗어나면서 이로부터 새로운 가능성을 열어젖히는 것이다. 탈합치는 자유의 구체적이고 실효적인 표현이다. 탈합치에는 지성과 통찰력, 특히 큰 용기가 필요하다. 탈합치의 실천은 어렵지만 그만큼 소중하다. 탈합치의 철학을 실천하면서 역자는 훨씬 자유로워졌다. 지난 수개월 간의 작업 과정과 삶을 되새겨보니 탈합치의 실천을 위한 용기를 낼 수 있었던 것은 프랑수아 줄리앙 선생님의 격려에 힘입은 바가 크다. 선생님께 깊이 감사드린다.

마지막으로, 출판업계의 녹록치 않은 현실에도 불구하고 『전략: 고대 그리스에서 현대 중국까지』, 『문화적 정체성은 없다』에 이어 『탈합치』의 출간을 맡아주신 교유서가 신정민 대표께 감사의 마음을 전하고 싶다. 최근 출판사의 로고를 묵묵히 걸어가는 '코뿔소'로 정했다며 보여주시던 모습이 떠올라 송구한 마음이 든다.

지은이 **프랑수아 줄리앙François Jullien, 1951~**
프랑스의 철학자로 파리7대학 교수, 프랑스 파리국제철학대학원원장, 프랑스 중국학협회 회장, 파리7대학 현대사상연구소 소장 등을 역임했고 현재 프랑스 인문과학재단 교수로 재직 중이다. 줄리앙은 40여 년간 중국사유와 서양사유를 맞대면시키는 작업을 통해 중국학의 차원을 뛰어넘어 완전히 새로운 사유를 펼쳐왔다. 역사, 언어, 개념 등 모든 면에서 서로 무관하게 정립된 중국사유와 서양사유는 각각의 습벽(習癖)을 서로에게 드러냄으로써 철학을 재가동시킨다. 줄리앙은 그동안 동서양 사유의 관계를 통찰한 40여 종의 단행본을 저술했고 최근에는 이와 같은 방대한 지적 자산을 토대로 독창적인 문화론과 실존의 윤리학을 정립하고 있다. 서양의 대다수 이론가들이 동양사상을 제대로 읽지 못하고 많은 동양학자들은 서양사상을 정확히 다루지 못하기 때문에 줄리앙의 관점은 엄밀한 연구 대상이 되지 못하고 있다. 그의 철학은 동서양 양쪽 이론가들에게 무궁무진한 영감을 제공할 것이다. 이미 그의 많은 저작이 20여 개국에서 번역되었다.

옮긴이 **이근세**
경희대학교 철학과를 졸업하고 벨기에 루뱅대학교 철학고등연구소ISP에서 스피노자 철학과 모리스 블롱델의 철학 연구로 박사학위를 취득했다. 브뤼셀 통·번역대학교ISTI 강사를 역임하고 귀국했다. 현재 국민대학교 교양대학 교수로 재직중이다. 주요 연구 분야는 서양 근대철학, 프랑스철학이다. 점차 연구의 초점을 동서문화담론으로 이동시키고 있다. 주요 저서로 『효율성, 문명의 편견』, 『철학의 물음들』 등이 있고, 역서로 『스피노자와 도덕의 문제』, 『변신론』, 『데카르트, 이성과 의심의 계보』, 『스피노자 서간집』, 『전략』, 『문화적 정체성은 없다』, 『고요한 변화』 등이 있다. 연구 논문으로는 「스피노자의 존재론 기초」, 「스피노자의 철학에 있어서 시간성과 윤리」, 「블롱델의 행동철학과 라이프니츠의 실체적 연결고리 가설」, 「프랑수아 줄리앙의 비교철학에서 중국과 서양의 효율성 개념 비교」, 「야코비의 사유구조와 스피노자의 영향」, 「스피노자의 정치철학에서 개인의 자유와 정치적 복종의 관계」, 「모리스 블롱델의 행동철학에서 과학과 기술의 의미」, 「이념의 문제와 글쓰기 전략」, 「동아시아적 이념의 가능성」, 「블롱델의 철학에서 방법론과 실천의 문제」, 「모리스 블롱델의 현상학적 방법론」, 「데카르트와 코기토 논쟁」, 「조선 천주교 박해와 관용의 원리」, 「프랑수아 줄리앙의 중국회화론」, 「로고스와 노장」, 「조선 천주교와 미시정치학」 외 다수가 있다.

탈합치
예술과 실존의 근원

초판 1쇄 인쇄 2021년 1월 14일
초판 2쇄 인쇄 2023년 7월 10일

지은이 프랑수아 줄리앙 | 옮긴이 이근세

편집 신소희 이희연 김윤하 | 디자인 윤종윤 이주영
마케팅 김선진 배희주 | 저작권 박지영 형소진 최은진 서연주 오서영
브랜딩 함유지 함근아 김희숙 고보미 박민재 정승민 배진성
제작 강신은 김동욱 이순호 | 제작처 영신사

펴낸곳 (주)교유당 | 펴낸이 신정민
출판등록 2019년 5월 24일 제406-2019-000052호

주소 10881 경기도 파주시 회동길 210
문의전화 031) 955-8891(마케팅), 031) 955-3583(편집)
팩스 031) 955-8855
전자우편 gyoyudang@munhak.com

인스타그램 @gyoyu_books | 트위터 @gyoyu_books | 페이스북 @gyoyubooks

ISBN 979-11-91278-06-4 03100